ZELFSTURING ONDER ZEIL

Stuurautomaten en Windvaanstuurinrichtingen

Peter Christian Förthmann

Copyright: © 2020 Peter Christian Förthmann

Publisher: tredition GmbH, Halenreie 40-44, 22359 Hamburg

978-3-347-17685-0 (Paperback)
978-3-347-17686-7 (Hardcover)
978-3-347-17687-4 (e-Book)

Inhoud

Voorwoord

Om de één of andere vreemde reden hebben de meeste zeilers een hartgrondige hekel aan sturen. Het vooruitzicht om vele uren achtereen aan het roer te moeten zitten heeft de meeste mensen ervan weerhouden om lange zeilreizen te maken. Dit is ongetwijfeld de voornaamste reden waarom tot voor kort het aantal zeiljachten dat zich verderweg waagde erg klein bleef. Echter, dit alles is veranderd door de komst van stuurautomaten die speciaal voor jachten zijn gebouwd en door de ontwikkeling van efficiënte zelfstuurinrichtingen op windkracht. Opeens behoorde de zware taak van het met de hand sturen tot het verleden en werden lange oceaanoversteken een genoegen – zelfs met jachten met een zeer kleine bemanning.

Ik heb een wereldomzeiling van meer dan 70.000 mijl met een Aries gedaan en nog één van zo'n 40.000 mijl met een Hydrovane, dus ik kan rustig stellen dat één van de belangrijkste onderdelen van de uitrusting van een zeiljacht een windvaanstuurinrichting is.

Jammer genoeg en verrassend bovendien, wordt deze visie door vele jachtzeilers niet onderschreven. Dit komt doordat de meesten van ons zijn opgegroeid met druktoetstechnologie die we willen meenemen naar zee. Het is een erg gemakkelijk om een koers te sturen door een kompaskoers in te toetsen, en tegenwoordig geven de meeste zeilers hier de voorkeur aan. Gewoonlijk bekoelt de liefde voor hun favoriete speeltje de eerste de beste morgen dat de accu's leeg zijn. Over dit thema heb ik talloze hartverscheurende verhalen moeten aanhoren na afloop van de ARC of een soortgelijke trans-oceaan-rally. Ik kreeg Peter Förthmann zover om naar Las Palmas te komen voor de start van de ARC, om voor de deelnemers een lezing te geven over de voors en tegens van zelfsturing. Zijn lezingen en workshops werden meteen een succes, niet alleen omdat hij beter dan wie dan ook ter wereld in dit onderwerp thuis is, maar ook omdat hij altijd zowel over windvaanstuurinrichtingen als over elektronische stuurautomaten spreekt. Hij probeert nooit zijn eigen producten te verkopen en heeft op deze manier de belangstelling en het vertrouwen van zijn gehoor gewonnen.

Ik ben daarom blij dat hij niet alleen mijn advies heeft opgevolgd om dit boek te schrijven waar al zo lang behoefte aan is, maar ook dat hij erin is geslaagd dit op een eerlijke en objectieve manier te doen, door al zijn concurrenten een gelijke kans te geven om aan hun producten bekendheid te geven. Alle bestaande systemen worden op de hiernavolgende pagina's beschreven, waardoor de lezer zelf zijn conclusies kan trekken. Veel zeilers zijn het erover eens dat op dit moment Peters Windpilot het beste systeem op de markt is. Peter is zowel uitvinder als fabrikant van dit ingenieuze systeem, en plaatst daarmee inderdaad zijn naam naast die van zijn grote voorgangers: Blondie Hasler, Marcel Gianoli, Nick Franklin. Dit boek bewijst dat Peter Förthmann een autoriteit van wereldformaat is op het gebied van windvaanstuurinrichtingen.

Jimmy Cornell

Ten Geleide

Wie had ooit kunnen denken dat de wereld in één enkele generatie tijd zo zou kunnen veranderen?

Jachten die tot voor kort nog het neusje van de zalm waren, zijn opeens gedateerd en technisch verouderd. Het scala aan instrumenten en uitrusting dat de zeiler ter beschikking staat is ongelooflijk uitgebreid. Van GPS, EPIRB, INMARSAT, kaartplotters, radar en toegang tot Internet aan boord kijkt vrijwel niemand meer op. De markt voor nautische boeken is eveneens zeer productief. Elk onderwerp is al een keer beschreven, en vele zaken die tot voor kort nog in mysteriën gehuld waren, zijn inmiddels ontsluierd. Het is daarom moeilijk te geloven dat het onderwerp van dit boek een hele generatie lang nog geen aandacht heeft gekregen.

Er is lang gewacht op een boek over zelfstuurinrichtingen. Dat was tenminste het gevoel van Jimmy Cornell, door wiens aanmoedigingen ik uiteindelijk heb besloten om te gaan schrijven. Dat was geen eenvoudige beslissing, want het is een uiterst gevoelig onderwerp voor een fabrikant van windvaanstuurinrichtingen. Maar tegelijk is er nauwelijks een beter onderwerp denkbaar, aangezien weinig zaken binnen de zeilsport zo logisch en intuïtief zijn. Alle zelfstuursystemen berusten op dezelfde natuurkundige principes; hierbij is er geen sprake van tovenarij en noch van ondoorgrondelijke taaie theorieën.

Ik hoop dat dit boek duidelijkheid zal brengen in de wirwar aan tegenstrijdige meningen en verhalen rond het onderwerp zelfsturing. Als het u de teleurstelling bespaart van een weigerende stuurautomaat en van vele uitputtende uren aan het roer in kou en duisternis tijdens storm op zee, heeft het aan zijn doel beantwoord. Op zee moet je het doen met wat je hebt; een schrale troost als je met loodzware armen en vermoeide ogen nog eens aan het wiel draait en de duisternis in tuurt, terwijl je wenste dat je niet nog zo'n ontzettend lang eind voor de boeg had…

Ik wil de volgende mensen in het bijzonder danken: Jimmy Cornell, die ik nog steeds hoor zeggen: "Ga zitten en begin met schrijven". Jörg Peter Kusserow, mijn vriend en zakenpartner zonder wiens illustraties dit boek armzalig zou zijn. Janet Murphy van Adlard Coles Nautical die maar bleef glimlachen terwijl de stapel papier groeide.

En tenslotte wil ik u, de lezer, bedanken, als u vindt dat u door dit boek ontdekt hoe u voor uzelf het zeilen makkelijker kunt maken – zonder aan de wal te blijven.

Peter Christian Förthmann

Inleiding

Door hele geschiedenis van de mensheid zijn er mensen in zeilschepen het water opgegaan, voor handel, ontdekkingsreizen of oorlogvoering. Maar pas in de twintigste eeuw kwam voor het eerst de gedachte op dat een zeilboot misschien zichzelf kon sturen. In de hoogtijdagen van de grote zeilschepen, zelfs tot in de moderne tijd, werd er met de hand gestuurd. Menskracht was goedkoop en overvloedig beschikbaar en al het werk aan dek, in de tuigage of aan het anker werd met handkracht gedaan. Waar spierkracht tekortschoot waren er blok en takel, laadgieken en voor het anker was er het mechaniek van een kaapstander met lange spaken. Op enkele van de laatste generatie grote zeilschepen, die hun al verloren strijd met de zich steeds maar uitbreidende vloot stoomschepen streden, waren kleine stoommachines aanwezig om de bemanning bij te staan, maar sturen bleef niettemin uitsluitend handwerk.

Er waren drie stuurwachten en het was zwaar werk – al hielp het aanzienlijk als het roer met een talie werd vastgezet. De grote vierkantgetuigde schepen bevoeren de oceanen zonder hulp van elektromotoren of hydraulische systemen.

In het begin van de twintigste eeuw was zeilen als recreatie voorbehouden aan de elite. Jachtzeilen was een sport voor welgestelde eigenaren met grote bemanningen, en niemand zou erover hebben gepiekerd om de 'eerste' positie aan boord, het roer, te automatiseren.

Pas nadat de stoomkracht zegevierde en na de daaropvolgende snelle ontwikkelingen in de internationale handel en het reizen werd de menselijke roerganger gaandeweg overbodig; de eerste stuurmachine werd in 1950 uitgevonden.

Niet lang daarna maakten krachtige hydraulisch-elektrische stuurmachines deel uit van de standaarduitrusting van nieuwe schepen en, hoewel het stuurwiel werd gehandhaafd, kwam dit nu naast de steeds belangrijker geworden automatische besturing. Op koopvaardijschepen en vissersschepen werden al spoedig voor zo ongeveer alle taken aan dek of benedendeks elektrische of hydraulische systemen toegepast – van laadgerei, ankerspillen en bediening van de luiken tot winches voor het inhalen van de netten en het hanteren van trossen tijdens het vastmaken. Complexe systemen van generatoren en gebruikers waren aan boord gebruikelijk geworden, en zo lang de hoofdmotor liep was er elektriciteit in overvloed.

Tegenwoordig wordt overal ter wereld in de beroepsvaart alleen maar met stuurautomaten gewerkt – iets wat elke zeezeiler tot nadenken zou moeten stemmen. Zelfs de meest alerte wachtsman op de brug van een containerschip dat 22 knopen loopt, kan het schip niet terstond ook maar iets van koers laten veranderen. Een vrachtschip aan de horizon doemt snel op, juist omdat de ooghoogte op een zeiljacht in feite nul bedraagt. Het beeld van aanvaringen tussen containerschepen en zeiljachten, zoals door Mike Peyton in zijn cartoons zo treffend wordt getekend, achtervolgt iedere zeiler. Van tijd tot tijd verschijnen gruwelverhalen in de watersporttijdschriften, waarbij in bijna alle gevallen het zeiljacht letterlijk het onderspit delft. Soms worden de zeilers gered en loopt het verhaal goed af. Het verhaal van een solozeiler die onbedoeld de hele koopvaardij tegen zich kreeg door een viskotter te sturen terwijl hij sliep, trok de aandacht van de dagbladpers over de hele wereld. Dit zowel sensationele als unieke incident heeft ook de maritieme rechtspraak niet onberoerd gelaten.

Het is verleidelijk om op deze gronden het single-handed zeilen te veroordelen als levensgevaarlijk – tenslotte moet elke schipper vroeg of laat toch slapen. Er wordt dan al te gemakkelijk voorbijgegaan aan het feit dat grote vrachtschepen tijdens de langdurige nachtelijke wachten gewoonlijk onder de hoede zijn van één paar ogen ... en als die dichtvallen is het resultaat hetzelfde: een spookschip en een groot gevaar voor iedere ongelukkige zeevarende die toevallig op het verkeerde ogenblik op de verkeerde plaats is.

Het tijdperk van de menselijke stuurman is zo goed als voorbij; de ijzeren stuurman – niet alleen onvermoeibaar en veel betrouwbaarder, maar vaak ook competenter – maakt de menselijke hand aan de helmstok in feite overbodig.

Zelfs in de nauwste doorvaarten langs de Zweedse kust navigeren de grote veerboten van de Stena Line op volle snelheid langs rotsen en ondiepten op alleen een stuurautomaat die is uitgerust met speciaal ontworpen door Decca-signalen aangestuurde software. Voor de zeeman blijft alleen een toeziende taak over – een taak die je natuurlijk alleen goed kunt uitvoeren zolang je je ogen open kunt houden!

Aan het roer van de Russische windjammer SEDOV

De geschiedenis van zelfsturing

De geschiedenis van het solozeilen begint met een enkele dappere pionier – Joshua Slocum was een van de allereersten met zijn legendarische *Spray*. Volgens kenners kon hij zijn boot redelijk op koers houden door een ingenieuze constructie met de schoten of door gewoon het roer vast te zetten. Met deze manier van zelfsturen offer je een zekere snelheid op doordat je een deel van het zeiloppervlak uitsluitend voor de besturing gebruikt. Natuurlijk was de *Spray* erg koersvast doordat de kiel bijna net zo lang was als de waterlijn.

In een brief aan Yachting Monthly beschrijft in 1919 Hambley Tregoning hoe de helmstok van een boot met een windvaan verbonden kan worden. Nadat deze brief was verschenen, begonnen bezitters van modelboten massaal hun scheepjes met windvaanbesturing uit te rusten. Ze ontdekten dat ze zelfs met uiterst eenvoudige verbindingsmechanieken tussen de helmstok en een windvaan prachtige resultaten konden bereiken. Dit type systemen was echter niet met succes toe te passen op echte schepen, omdat de krachten die door een windvaan worden gegenereerd, te klein zijn om de helmstok van een schip te bewegen.

De eerste windvaanstuurinrichting

Ironisch genoeg werd de eerste windvaanstuurinrichting op een motorboot gebruikt. De Fransman Marie Marie gebruikte een grote windvaan die hij met lijnen aan het roer verbond om het 14 meter lange motorjacht *Arielle* te besturen tijdens zijn spectaculaire solo-oversteek van 18 dagen vanuit New York naar le Havre in 1936. Zijn windvaan is nu te bezichtigen in het Musée de la Marine in Port Louis.

Toen de Britse zeiler Ian Major in 1955 zijn *Buttercup* single-handed van Europa naar de Antillen zeilde, gebruikte hij een kleine windvaan die een trimvlak aan het hoofdroer aanstuurde. Dit was in de beginperiode van windvaanbesturing de meest gangbare methode. Ook in 1955 monteerde de Engelsman Michael Henderson een eigen creatie, bijgenaamd "Harriet, de derde hand", op zijn befaamde 17-voeter *Mick the Miller*. Zijn benadering was om het hoofdroer midscheeps vast te zetten en de windvaan een klein extra roerblad aan te laten sturen. Het systeem was een groot succes en het was in staat om de besturing voor meer dan de helft over te nemen. Bernard Moitessier koos ook voor een trimvlak voor zijn *Marie Thérèse II* in 1957, en gebruikte vanaf 1965 een vereenvoudigde versie van hetzelfde systeem op de *Joshua*. Bij deze tweede versie werd de windvaan rechtstreeks op de as van het trimvlak gemonteerd.

Op 11 juni 1960 betekende in Plymouth het startschot voor de eerste OSTAR (Observer Singlehanded Transatlantic Race) tevens het daadwerkelijke begin van het tijdperk van de windvaanbesturing. Zonder een vorm van zelfsturing zou geen van de vijf deelnemers – Frances Chichester, Blondie Hasler, David Lewis, Valentine Howells en Jean Lacombe – de finish hebben gehaald.

Blondie Hasler gebruikte op Jester zijn eerste servo-pendulum systeem met differentiële overbrenging. David Lewis en Valentine Howells gebruikten allebei eenvoudige systemen met een rechtstreeks door de windvaan aangedreven trimvlak. Jean Lacombe gebruikte een trimvlaksysteem met een variabele overbrenging, dat hij samen met Marcel Gianoli had ontwikkeld.

De eerste windvaanstuurinrichting

De geschiedenis van het solozeilen begint met een enkele dappere pionier – Joshua Slocum was één van de allereersten met zijn legendarische *Spray*. Volgens kenners kon hij zijn boot redelijk op koers houden door een ingenieuze constructie met de schoten of door gewoon het roer vast te zetten. Met deze manier van zelfsturen offer je een zekere snelheid op doordat je een deel van het zeiloppervlak uitsluitend voor de besturing gebruikt. Natuurlijk was de *Spray* erg koersvast doordat de kiel bijna net zo lang was als de waterlijn.

In een brief aan Yachting Monthly beschrijft in 1919 Hambley Tregoning hoe de helmstok van een boot met een windvaan verbonden kan worden. Nadat deze brief was verschenen begonnen bezitters van modelboten massaal hun scheepjes met windvaanbesturing uit te rusten. Ze ontdekten dat ze zelfs met uiterst eenvoudige verbindingsmechanieken tussen de helmstok en een windvaan prachtige resultaten konden bereiken. Dit type systemen was echter niet met succes toe te passen op echte schepen, omdat de krachten die door een windvaan worden gegenereerd te klein zijn om de helmstok van een schip te bewegen.

Ironisch genoeg werd de eerste windvaanstuurinrichting op een motorboot gebruikt. De Fransman Marie Marie gebruikte een grote windvaan die hij met lijnen aan het roer verbond om het 14 meter lange motorjacht *Arielle* te besturen tijdens zijn spectaculaire solo-oversteek van 18 dagen vanuit New York naar le Havre in 1936. Zijn windvaan is nu te bezichtigen in het Musée de la Marine in Port Louis.

Toen de Britse zeiler Ian Major in 1955 zijn *Buttercup* single-handed van Europa naar de Antillen zeilde, gebruikte hij een kleine windvaan die een trimvlak aan het hoofdroer aanstuurde. Dit was in de beginperiode van windvaanbesturing de meest gangbare methode. Ook in 1955 monteerde de Engelsman Michael Henderson een eigen creatie, bijgenaamd "Harriet, de derde hand", op zijn befaamde 17-voeter *Mick the Miller*. Zijn benadering was om het hoofdroer midscheeps vast te zetten en de windvaan een klein extra roerblad aan te laten sturen. Het systeem was een groot succes en het was in staat om de besturing voor meer dan de helft over te nemen. Bernard Moitessier koos ook voor een trimvlak voor zijn *Marie Thérèse II* in 1957, en gebruikte vanaf 1965 een vereenvoudigde versie van hetzelfde systeem op de *Joshua*. Bij deze tweede versie werd de windvaan rechtstreeks op de as van het trimvlak gemonteerd.

Op 11 juni 1960 betekende in Plymouth het startschot voor de eerste OSTAR (Observer Singlehanded Transatlantic Race) tevens het daadwerkelijke begin van het tijdperk van de windvaanbesturing. Zonder een vorm van zelfsturing zou geen van de vijf deelnemers – Frances Chichester, Blondie Hasle, David Lewis, Valentine Howells en Jean Lacombe – de finish hebben gehaald.

Blondie Hasler gebruikte op Jester zijn eerste servo-pendulum systeem met differentiële overbrenging. David Lewis en Valentine Howells gebruikten allebei eenvoudige systemen met een rechtstreeks door de windvaan aangedreven trimvlak. Jean Lacombe gebruikte een trimvlaksysteem met een variabele overbrenging, dat hij samen met Marcel Gianoli had ontwikkeld.

Een Hasler servo-pendulumsysteem op een S&S 30

Hasler en Gianoli, een Engelsman en een Fransman, zouden een belangrijke rol gaan spelen in de ontwikkeling van windvaanstuurinrichtingen. De principes die zij toepasten worden vandaag nog steeds gebruikt, en we zullen later hun beider systemen nader bezien.

De tweede OSTAR werd in 1964 gehouden. Weer hadden alle deelnemers windvaanbesturing, waarvan er zes hadden gekozen voor een servo-pendulumsysteem van HASLER, die al op kleine schaal met de productie was begonnen. Windvaanstuurinrichtingen waren ook voor de Round Britain Races van 1966 en 1970 feitelijk standaarduitrusting, want elektrische stuurautomaten waren nog niet toegestaan. Het veld voor de OSTAR van 1972 was zo groot dat de organisatoren een maximum van 100 boten voor de race van 1976 hadden moeten instellen. Tegen die tijd gebruikten veel deelnemers professioneel gebouwde windvaanstuurinrichtingen. Daarvan waren er 12 van HASLER, 10 van ATOMS, 6 van ARIES, 4 van GUNNING, 2 van QME, 2 elektrische, 2 hulproersystemen, 2 van QUARTERMASTER en was er 1 HASLER trimvlaksysteem.

De opkomst van de grote oceaanraces, solo of met een kleine bemanning, die zonder windvaanbesturing niet eens mogelijk zou zijn geweest, was een stimulans voor de professionele ontwikkeling en productie van een breed scala aan systemen in Engeland, Frankrijk, Italië en Duitsland. De vroege pioniers zijn nu nog steeds vertrouwde namen: HASLER, ARIES, ATOMS, GUNNING, QME en WINDPILOT.

Aan de snelle verspreiding van windvaansystemen hebben verschillende factoren bijgedragen. Vooral de wonderbaarlijke economische groei van de naoorlogse jaren, het groeiende aantal in serie gebouwde boten en de verschuiving in de botenbouw van eenmalige bouw in hout naar massaproductie met moderne materialen. Zeilen was niet langer een sport voor excentriekelingen of voor de elite, en groeide in populariteit.

In 1968 kwamen in Engeland, Frankrijk en Duitsland en niet lang daarna in Nederland.

de eerste bedrijven op die professioneel ontworpen en gebouwde windvaanbesturingen produceerden. Een overzicht van windvaanbesturingen en het jaar waarin ze op de markt kwamen:

1962	Blondie Hasler	Hasler
1962	Marcel Gianoli	MNOP
1968	John Adam	Windpilot
1968	Pete Beard	QME
1968	Nick Franklin	Aries
1970	Henri Bun	Atoms
1970	Derek Daniels	Hydrovane
1972	Charron/Waché	Navik
1976	Boström/Knoös	Sailomat

De eerste stuurautomaat voor in de kuip

De eerste elektrische stuurautomaat voor pleziervaartuigen zag waarschijnlijk in de Verenigde Staten het levenslicht. De eerste TILLERMASTER, een verkleinde stuurautomaat, ontworpen voor kleine vissersvaartuigen, werd in 1970 geproduceerd.

In 1974 lanceerde Derek Fawcett, een Britse ingenieur die voorheen bij Lewmar werkte, zijn merk AUTOHELM. Weldra was Autohelm wereldmarktleider, waarbij vooral de kleine modellen met een telescopische stuurarm succes hadden. De systemen werden in grote series geproduceerd door een groeiend aantal mensen, dat al gauw de 200 zou naderen.

⚓ 2 ⚓
Windvaanbesturing versus stuurautomaat

Met dit boek beogen wij om de wijze van functioneren en de voor en nadelen van de verschillende systemen te bezien, en de lezer te helpen om vast te stellen welk systeem het meest tegemoet komt aan zijn specifieke behoeften. De twee voornaamste categorieën zelfstuursystemen zijn de stuurautomaat en de windvaanbesturing. Stuurautomaten zijn elektro-mechanische systemen die hun stuurimpuls van een kompas krijgen, terwijl windvaanstuurinrichtingen gebruik maken van wind- en waterkracht, en hun stuurimpuls ontlenen aan de schijnbare windhoek. We zullen op beide nader ingaan.

De voortstuwing van een zeiljacht is gebaseerd op de stand van de zeilen en de boot ten opzichte van de wind; als je de zeilen slecht trimt, is er geen voortstuwing. Dit eenvoudige verband verklaart waarom windvaanbesturing zo ideaal is voor een zeiljacht. De windhoek die de windvaan gebruikt is precies dezelfde als die de boot voortstuwt. Als je die hoek eenmaal hebt ingesteld, is de voortstuwing verzekerd. De voordelen van sturen ten opzichte van de schijnbare windhoek komen het best tot uiting bij het zeilen aan de wind. Zelfs de minste windschifting wordt meteen omgezet in een koersverandering en daardoor is optimale voortstuwing verzekerd – met een grotere gevoeligheid is dan de beste stuurman kan leveren.

Deze Koopmans van 65 voet wordt zowel door de stuurautomaat als de windvaan gestuurd.

Waarom een stuurautomaat?

Simpel gezegd zijn stuurautomaten compact en discreet. Als het gaat om de aanschaf van een zelfstuursysteem is waarschijnlijk het belangrijkste argument tégen windvaanstuurinrichtingen hun detonerende uiterlijk. In het algemeen zijn ze groot en log – nauwelijks een sieraad aan je spiegel. Daar komt bij dat sommige nogal onhandig en zwaar zijn en doorgaans in de weg zitten als je in de haven op de motor moet manoeuvreren.

Daarentegen zitten stuurautomaten onzichtbaar in de kuip en soms zelfs helemaal uit het zicht benedendeks. Als ze eenmaal zijn geïnstalleerd zijn ze gebruiksvriendelijk; je hoeft alleen maar een paar knoppen te kunnen bedienen. Stuurautomaten voor in de kuip zijn licht en over het algemeen heel betaalbaar en ze sturen een kompaskoers. Voor sommige zeilers geeft dit argument de doorslag; stuurautomaten zijn gewoon geprogrammeerd om te wérken!

In de loop van vele jaren is de zeilwereld in twee kampen verdeeld geraakt. In de jaren zeventig werden windvaanstuurinrichtingen een gewone verschijning op oceaanzeiljachten, waar ze onmisbaar waren. Alleen bij wijze van uitzondering zag je ze wel eens op vakantie- en weekendjachten (sommige ongetwijfeld als gevolg van *wishful thinking*!)

De laatste 25 jaar is er een verhitte discussie gevoerd tussen aanhangers van de beide soorten systemen. Een bron van onenigheid was dat sommige mensen bij hoog en bij laag volhielden dat het "gewoon"maar een fractie van een ampère kostte om schepen van ettelijke tonnen te sturen. Tegenwoordig wordt daar realistischer tegenaan gekeken. Je kunt niet om natuurkundige wetten heen: elke gewenste "output"(stuurkracht) vraagt een zekere "input"(stroom/energie). Wie kon deze "Wet van behoud van energie", die zo vertrouwd is uit de natuurkundelessen op school, nu toch vergeten?

Stuurautomaten

De werking

Stuurautomaten zijn afhankelijk van een kompas. Het kompas geeft een stuurimpuls die een elektrische of hydraulische motor activeert, die op zijn beurt een stang of een hydraulische cilinder uitduwt dan wel intrekt, waardoor het roer wordt bewogen en de boot weer op koers wordt gelegd. Het kompas vergelijkt voortdurend de gewenste met de eigenlijke koers, en gaat met de stuurbeweging door totdat het vaartuig weer op de gewenste koers ligt.

Er bestaat een rechtstreeks verband tussen
? De kracht waarmee wordt gestuurd;
? De snelheid waarmee wordt gestuurd; en
? Het stroomverbruik.

De natuurkundige constanten tussen deze factoren liggen vast, dus de enige relatie die op een zeiljacht relevant is – de stuurprestatie (output) versus stroomverbruik (input) – is altijd een compromis. Het is nooit mogelijk om maximale stuurprestaties te krijgen met een minimum aan stroomverbruik.

Een elektromotor kan immers in een laag tempo veel kracht genereren of in een hoog tempo weinig kracht.

Stuurautomaten worden onderscheiden naar gelang de capaciteit van de motor. Deze bepaalt automatisch de verhouding tussen de kracht die door de stuurarm wordt uitgeoefend en zijn snelheid. Praktisch alle fabrikanten van stuurautomaten gaan uit van dit bewezen principe, en systemen met aandrijfmotoren met variabele snelheid zie je bijna nooit. Zulke terugschakeling van de elektromotor (om meer kracht op de stuurarm te krijgen) is bovendien niet praktisch, omdat de corrigerende bewegingen van het roer dan te langzaam worden uitgevoerd om het schip op de gewenste koers terug te kunnen brengen.

Om te kunnen bepalen welke stuurautomaat geschikt is, moet je van de boot in kwestie eerst het maximale draaimoment van het roer bepalen. De kritische factoren hierbij zijn de afmetingen van het roer (lengte en breedte), de balans (de afstand tussen het hart van de roerkoning en de voorkant van het roer) en de potentiële snelheid van de boot. Het draaimoment van het roer kan worden berekend of proefondervindelijk worden vastgesteld door de kracht op de helmstok of het stuurwiel daadwerkelijk te meten. Als de maximale belasting op het roer het maximale moment van de aandrijfeenheid te boven gaat, treden onvermijdelijk storingen op. Als je een model met een laag stroomverbruik kiest voor een relatief zware boot zal de prestatie niet geweldig zijn. Als je een systeem kiest dat constant op de grenzen van zijn kunnen moet werken, zal dit veel eerder aan vervanging toe zijn dan een ruim bemeten systeem. Als je een krachtige stuurautomaat kiest, zal geen enkele accu ter wereld aan zijn stroomvraag kunnen voldoen zonder regelmatig te worden bijgeladen. Elk compromis heeft zijn prijs!

Stuurautomaten voor een helmstok

Stuurautomaten in hun simpelste vorm zijn stuurarmsystemen, waarbij een elektromotor via een overbrenging rechtstreeks met de stuurarm is verbonden.

Eenvoudige stuurautomaten voor in de kuip bestaan uit één enkele module, die het kompas, de motor en de stuurarm omvat. In de grotere kuipmodellen vormen de stuureenheid en het kompas afzonderlijke modules, die via een dataverbinding met andere externe gevers verbonden kunnen zijn. Autohelm duidt zijn serie voor een netwerk geschikte instrumenten aan met 'ST' (SeaTalk), en Navico gebruikt het 'Corus' embleem.

Stuurarmsystemen voor op de helmstok zijn niet bijzonder krachtig, en daardoor alleen geschikt voor kleinere boten. Ze gebruiken relatief kleine (stroombesparende) elektromotoren waarvan de kracht wordt verveelvoudigd door ze met een grote vertraging op de stuurarm over te brengen. Daardoor zijn ze lawaaierig en het geluid van een werkende kuipstuurautomaat is nogal storend. In normale omstandigheden zijn kuipstuurautomaten relatief zuinig, maar onder hoge belasting kan het verbruik oplopen tot 3 ampère. Ze zijn in het algemeen nogal traag.

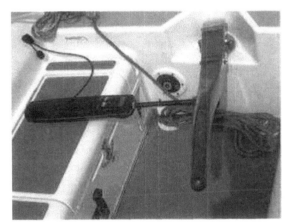

De volgende systemen zijn op de markt:
- ? AUTOHELM 800
- ? AUTOHELM ST 1000
- ? AUTOHELM ST 2000
- ? AUTOHELM ST 4000 Tiller
- ? NAVICO TP 100
- ? NAVICO TP 300
- ?

de AUTOHELM ST 800 stuurautomaat voor de helmstok.

Stuurautomaten voor wielbesturing

Stuurautomaten voor stuurwielen zijn vergelijkbaar met de hierboven beschreven systemen, alleen worden de koerscorrecties uitgevoerd met behulp van een drijfriem, een getande snaar of een tandwiel op een aan het stuurwiel gemonteerde schijf . Wielstuurautomaten voor in de kuip kunnen met een netwerk zijn verbonden.

De volgende systemen zijn op de markt:
- ? AUTOHELM ST 3000
- ? AUTOHELM ST 4000 WHEEL
- ? NAVICO WP 100
- ? NAVICO WP 300 CX

De volgende systemen zijn op de markt:

Autohelm ST 3000
Autohelm ST 4000 Wheel
Navico WP 100
Navico WP 300 CX

de Navico WP 300 CX wielstuurautomaat.

Stuurautomaten voor inbouw

Inbouwstuurautomaten zijn systemen met een stuurarm of hydraulische systemen die met de roerkoning of met het kwadrant zijn verbonden en die het hoofdroer rechtstreeks bewegen. Het is ook mogelijk om de mechanische overbrenging en de as te vervangen door een hydraulisch systeem, waarin een hydraulische pomp voor de oliedruk zorgt die een hydraulische cilinder beweegt. Deze laatste brengt op zijn beurt het hoofdroer in beweging.

Deze systemen zijn geschikt voor grotere boten. Op vaartuigen van langer dan 21 meter met omvangrijke hydraulische stuursystemen zijn voor de stuurautomaat continu lopende pompen in gebruik die worden aangestuurd met door relais bestuurde kleppen.

De drie modules van een ingebouwde stuurautomaat

Het bedieningspaneel

Via het bedieningspaneel kunnen alle functies van de stuurautomaat worden opgeroepen èn alle andere modules die daar via de databus aan zijn gekoppeld. Meestal gaat de bediening met drukknoppen (Autohelm) of met draaiknoppen (Robertson). De afmetingen van het schermpje variëren; een groter scherm is natuurlijk in het algemeen gemakkelijker af te lezen. Moderne hoogcontrast lcd-schermpjes vervagen als ze te veel aan direct zonlicht worden blootgesteld, dus moeten ze zo mogelijk verticaal worden gemonteerd, en nooit plat op het dek. Het is meestal mogelijk om extra bedieningspanelen te monteren op plaatsen waar daar behoefte aan is, zodat de gebruiker niet aan de kuip is gebonden. Een draagbare afstandbediening geeft je zelfs nog meer bewegingsvrijheid aan dek. Er zijn ook joysticks op de markt waarmee je de aandrijving van de stuurautomaat rechtstreeks kunt bedienen.

De systeemeenheid

De systeemeenheid bestaat uit: de koerscomputer, het kompas, de roerstandgever, de windvaangever en randapparatuur.

De koerscomputer

16

De benedendeks geïnstalleerde koerscomputer verwerkt alle commando's en signalen om de voor de koerscorrectie noodzakelijke roerbewegingen te berekenen en de aandrijving in werking te stellen. Kort gezegd verbindt hij software en hardware en zet hij signalen om in actie. Er zijn twee soorten koerscomputers:

?   De handmatige versie die wordt ingesteld en bijgesteld door de gebruiker en/of degene die hem installeert;

?   De zelflerende versie die leert uit de afgelopen acties en eerder vastgelegde gegevens.

Ze hebben allebei hun voordelen, maar zeilers geven waarschijnlijk de voorkeur aan de zelflerende zwarte doos. Op een paar basiszaken na (de *gain*, de *auto-tack*, en kompas dan wel windvaan) hoeft de gebruiker zich nergens om te bekommeren en laat hij de software het werk doen. Het achterliggende doel is om prestaties met een laag stroomverbruik te combineren, en daarbij is geen enkele optie perfect: voorgeprogrammeerde systemen zijn nooit goed op de werkelijke omstandigheden ingesteld, en handmatige systemen zullen ook nooit optimaal presteren tenzij de gebruiker een professional is.

Het kompas

Een kompas werkt het beste aan de wal. Eenmaal op zee beginnen de problemen: stampen, slingeren, helling, versnelling en vertraging maken een kompas het leven zuur. De koerscomputer heeft om de aandrijving goed te kunnen aansturen een duidelijk en leesbaar kompassignaal nodig : hoe goed een stuurautomaat koers kan houden hangt af van de kwaliteit van de stuurimpuls die hij van het kompas krijgt.

De plaats van het kompas is erg belangrijk. Bij de keuze moeten de volgende zaken in aanmerking worden genomen:

?   Hoe verder het kompas uit het hart van de boot zit, hoe meer bewegingen het ondergaat die moeten worden uitgefilterd.

?   Variaties in het magnetisch veld aan boord verhinderen een accuraat signaal. Het kompas moet ver van elektromotoren, pompen, generators, radio's, tv's, navigatie-instrumenten, stroomkabels en metalen voorwerpen worden gemonteerd.

?   Kompassen hebben graag een constante temperatuur; vermijd plaatsing in de zon of bij de motor, het kooktoestel of de verwarming.

Bij de meeste jachtontwerpen – tenzij van staal - is plaatsing benedendeks dicht bij de mastvoet een goede keuze. Op meer extreme moderne jachten is de meest stabiele plek meer naar achteren te vinden, gewoonlijk op ongeveer eenderde van de scheepslengte. Op stalen jachten zijn er verschillende manieren om een goed signaal te krijgen. Robertson heeft met veel succes een opstelling op vissersschepen toegepast, waarbij onder de kompasketel een magnetisch kompas met koersdetector is gemonteerd, die veranderingen in het magnetisch veld detecteert. Andere fabrikanten plaatsen hun fluxgatekompas bovendeks of zelfs in de mast, het geen niet altijd de ideale plaats is vanwege de veel grotere bewegingen. Met name op stalen boten is zorgvuldige installatie en een grondige kalibrering van groot belang.(op een stalen boot kan een fluxgatekompas niet benedendeks worden gebruikt.

De afstand tussen het kompas en de koerscomputer moet zo kort mogelijk worden gekozen om het probleem van spanningsverlies zo klein mogelijk te houden. Hoe groter de afstand hoe dikker de kabels die je nodig hebt. Ten slotte is het belangrijk om het kompas zodanig te installeren dat je er achteraf gemakkelijk bij kunt komen.

Er is een keuze uit drie soorten kompassen: het magnetisch kompas, het fluxgatekompas en het gyrokompas. Bij bijna alle fabrikanten zijn fluxgate-sensoren die de koerscomputer van elektronische koersgegevens voorzien, standaard. In testomstandigheden kan de stuurprestatie worden geoptimaliseerd door een speciaal fluxgate-systeem toe te passen. Autohelm gebruikt een 'GyroPlus'- gever, terwijl Robertson een nieuw type kompas heeft waarin fluxgate-signalen worden vertaald in frequenties waarin de variaties gemakkelijker kunnen worden waargenomen. Ook worden voor nog betere resultaten onder andere vloeistofdemping en elektronische middeling toegepast. De kwaliteit van het uiteindelijke signaal voor de eigenlijke stuuractie hangt rechtstreeks af van de prijs en de kwaliteit van de sensor. Je krijgt gewoon waar naar je geld, en jammer genoeg varieert de prijs van ongeveer €300 voor een gewoon fluxgatekompas en €360 voor een magnetisch kompas met koersdetector tot €13.000 voor een geavanceerde gyrokompaseenheid.

De roerstandgever

De roerstandgever zit op het roer en informeert de koerscomputer over de stand van het roer. Hij kan binnen in de aandrijving zitten (beschermd tegen onbedoelde schoppen) of buiten op de roerkoning (kwetsbaarder).

De windvaangever

Een gever op de windvaan of bovenop de mast voorziet de koerscomputer van informatie over de schijnbare windhoek.

Randapparatuur

Voor extra gegevens die bijdragen aan een nauwkeurige sturing kan de koerscomputer bovendien signalen ontvangen van andere navigatieapparatuur zoals Decca, GPS, Loran, de radar, het log en de dieptemeter.

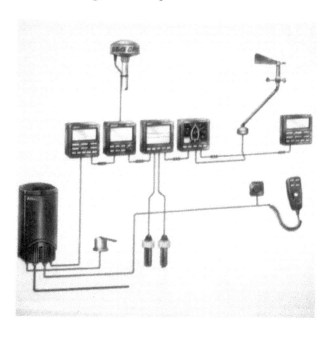

de modules van een ingebouwde stuurautomaat; een exemplaar van Brookes & Gatehouse.

De aandrijving

Er zijn vier alternatieven.

1 De mechanische lineaire stuurmachine

Via een mechanische overbrenging wordt door een elektromotor een stuurarm in- en uitgeschoven. Dit type aandrijving werkt volgens hetzelfde principe als stuurautomaten voor in de kuip, maar is aanzienlijk krachtiger. De elektromotor kan er één zijn met een vaste snelheid (simpel, goedkoop, maar meer stroomverbruik) of met variabele snelheid (efficiënter). De mechanische lineaire aandrijving is vanuit energieoogpunt efficiënter dan haar hydraulische zusje, maar ook kwetsbaarder voor mechanische overbelasting onder extreme omstandigheden. Bij dergelijke mechanische stuurmachines leidt slijtage ook tot meer lawaai bij het gebruik onder belasting. Het apparaat wordt luidruchtiger naarmate het ouder wordt, en dat kan

uiteindelijk irritant worden. Afhankelijk van de precieze toepassing en de omvang van het systeem kan het raadzaam zijn om voor de overbrenging metalen onderdelen te kiezen omdat plastic bij langdurig gebruik en de zware belasting van dien niet altijd blijft voldoen. Autohelm biedt het 'Grand Prix'-pakket aan als opwaardering van zijn lineaire stuurmachines; Robertson en vrijwel alle andere fabrikanten monteren standaard metalen onderdelen voor de
    overbrenging.
    Een hydraulische lineaire stuurmachine heeft vanwege de aanwezigheid van twee plunjers meer plaatsruimte nodig dan een eenvoudig mechanisch apparaat.
    Mark Parkin van Simrad UK constateert dat nogal wat jachtontwerpers 'vergeten dat hydraulische plunjers meer ruimte nodig hebben' en zo uiteindelijk genoodzaakt zijn om een lineaire stuurmachine te installeren.

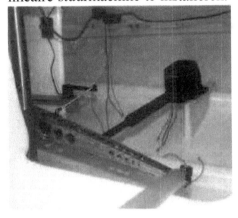

De mechanische lineaire stuurmachine
aan boord van de 18 meter Ultra Light
Displacement Boat (ULDB) *Budapest*

2 De hydraulische lineaire stuurmachine

    De stuurarm wordt door een hydraulische pomp bewogen. Je vindt hydraulische lineaire stuurmachines op grote jachten waar bijzonder grote roerkrachten spelen. De stuurmachine kan zijn voorzien van afzonderlijke hydraulische pompen (Autohelm, VDO) of van pompen die rechtstreeks geïntegreerd zijn in het stuurarmsysteem (Brookes and Gatehouse, Robertson). Robertson biedt ook 'dubbele sturing' aan, waarbij twee lineaire stuurarmen de uitgeoefende kracht verdubbelen. Hydraulische stuurmachines zijn tegen mechanische overbelasting beschermd door een overdrukklep, die boven een bepaalde oliedruk opengaat, en door de 'oliebuffer' die inherent is aan het systeem. Een hydraulische lineaire stuurmachine produceert veel minder lawaai dan een mechanische en zal ook stiller en daarmee tijdens zijn hele levensduur plezieriger blijven om aan boord te hebben. Hydraulische lineaire stuurmachines gaan ook veel langer mee – een belangrijk voordeel voor langeafstandzeilers – en aan reserveonderdelen hoeft er alleen een extra set afdichtingen mee. Zoals al opgemerkt hebben hydraulische lineaire stuurmachines een contraplunjer die van achteren uit het apparaat steekt. Ze moeten daarom hoger worden gemonteerd om te voorkomen dat de contraplunjer tegen de binnenkant van de romp aan komt.

3 Hydraulische stuurmachines

    Deze elektromechanische pompen staan direct in verbinding met het bestaande hydraulische stuurwielsysteem. Soms wordt door een constant lopende pomp de kracht geleverd die nodig is om boten van 25 ton en meer te besturen. De constante hoge druk veroorzaakt bij elke roerbeweging plotselinge hoge belastingen in het besturingsysteem, en het lawaai dat daarmee gepaard gaat heeft het systeem in het Engels de naam 'bang-bang pilot' opgeleverd.

Hydraulische lineaire stuurmachines
van Robertson

4 De kettingstuurmachine

Een elektromotor bedient het roer via een ketting. Stuurmachines met een ketting hebben de voorkeur als er weinig ruimte is, of als op oudere boten de keuze voor andere stuurmachines is uitgesloten door de aanwezigheid van een wielbesturing met tandwieloverbrenging of met een stuurstang. Whitlock heeft een stuurmachine voor stuurwielen waarbij een mechanische motor rechtstreeks werkt op de overbrenging van het stuurwiel naar het roer benedendeks. Daarbij hoeven alleen nog maar de centrale systeemeenheid en het bedieningspaneel te worden geïnstalleerd.

De stuurmachine moet met een relatief korte arm met het roer worden verbonden, hetzij via zijn eigen kleine helmstok, dan wel aan het kwadrant zelf. Beide alternatieven vereisen een zeer sterke fundering op de binnenkant van de romp, en vaak zullen daar structurele verstevigingen nodig zijn.

De bestaande wielbesturing moet worden ontkoppeld als de stuurautomaat in werking is, om te voorkomen dat het geheel traag werkt. Dit kan worden gedaan door toepassing van:

a) mechanische koppeling d.m.v. een pin (Edson),
b) mechanische vergrendeling d.m.v. een pin (Alpha),
c) een relais bediende mechanische koppeling (Autohelm), of
d) een relais bediende hydraulische omleiding.

Als de handbesturing niet goed is ontkoppeld, zal de stuurautomaat vertraagd werken en meer stroom verbruiken. Omgekeerd moet tijdens handbesturing de stuurmachine zijn ontkoppeld of omgeleid, omwille van een grotere gevoeligheid op het roer. Ook wordt de beperking van de roeruitslag dan opgeheven, die normaal gesproken aan de orde is als op de automaat wordt gevaren.

Als de stuurmachine op mechanische wijze is ontkoppeld, moet de arm zijn vastgezet om te voorkomen dat die heen en weer kan zwaaien. De eindstoppen van de stuurmachine moeten binnen de maximale uitslag van het roer liggen om te voorkomen dat de stuurautomaat de hydraulische plunjer tegen de roerstoppen drukt.

Het is absoluut noodzakelijk dat iedere stuurmachine een noodstopschakelaar binnen hand-bereik van de roerganger heeft, voor het geval het systeem faalt of er plotseling op handbesturing moet worden overgegaan. Deze schakelaar mag nooit benedendeks zitten. De afstand tussen de roerstand en de kaartentafel of het schakelpaneel is in geval van nood gewoon te groot, en vertraging kan resulteren in schade aan de stuurautomaat of nog erger. De stuurautomaten van Robertson hebben allemaal zo'n schakelaar naast elk display aan dek.

Het is uiterst onverstandig om te proberen zelf een stuurautomaat in te bouwen. De procedure is erg complex en er zijn veel te veel potentiële fouten die de onervaren jachteigenaar kan maken. Daarom weigert bijvoorbeeld Robertson zonder meer elke garantie aan doe-het-zelvers.

.

Blue Papillon, een 29 m. Jongert, die
wordt gestuurd door een Segatron
stuurautomaat.

Geïntegreerde systemen

Tot een paar jaar geleden kochten booteigenaren hun instrumenten in het algemeen één voor
één afzonderlijk. Dieptemeter, radar, kompas, windmeter, Decca, GPS, plotter, log en
stuurautomaat waren afzonderlijk geïnstalleerde apparaten van verschillende fabrikanten.

Tegenwoordig is dat heel anders geworden. Een klein aantal grote leveranciers biedt
complete systemen aan waaruit de zeiler net zoveel instrumenten kan kiezen als hij zelf wil.
Voor deze vooruitgang is de ontwikkeling van een speciale databus en een datatransferprotocol
essentieel geweest. Functies zoals de stuurprestatie van een stuurautomaat kunnen nu binnen
meer veeleisende systemen worden geoptimaliseerd door een specifieke koerscomputer aan te
sluiten. Een stuurautomaat die een boot van het ene naar het andere GPS-waypoint stuurt, kan
zo de koersafwijking corrigeren die optreedt als de stroom dwars op de vaarrichting staat.

Fabrikanten van instrumenten hebben zich ontwikkeld tot leveranciers van complete
systemen, en dat heeft geleid tot de huidige extreme concentratie in de markt, waarin maar een
paar grote spelers zijn overgebleven.

Je zou stuurautomaten in drie groepen kunnen indelen:
1. Op zichzelf staande systemen, die alleen op basis van een signaal van de windvaan of
    het kompas werken (bijvoorbeeld Autohelm 800)
2. Systemen die via een databus (bijvoorbeeld Sea Talk van Autohelm, Robnet van
    Robertson) en/of een NMEA 0183 interface met andere modules zijn verbonden.
3. Systemen waarbij afzonderlijke modules uitsluitend via de databus van de fabrikant met
    elkaar zijn verbonden (B&G)

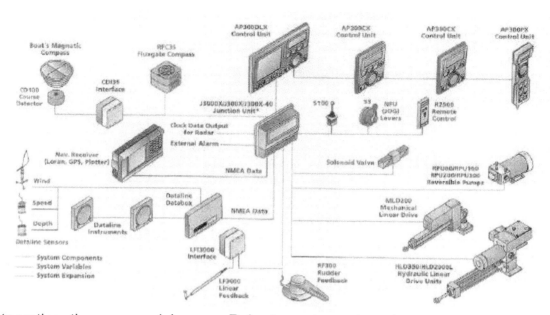

Integratieopties voor modules voor Robertson stuurautomaten. Met dank aan Simrad.

Tegenwoordig werken de meeste stuurautomaten als één van de modules binnen een complex systeem. NMEA (National Marine Electronics Association) interfaces bieden de mogelijkheid om bij de uitbreiding van zo'n systeem ook instrumenten van andere merken te betrekken. De bewering dat instrumenten van verschillende fabrikanten met elkaar konden communiceren via dezelfde interfaces leek ooit nogal optimistisch. Er waren, zoals veel zeilers door schade en schande hebben ontdekt, zelfs voor NMEA-interfaces verschillende standaarden in omloop, en natuurlijk kon geen enkele fabrikant worden verweten dat zijn instrumenten niet compatibel waren; ernstige communicatieproblemen lagen altijd aan het instrument aan de andere kant van de interface! Deze problemen zijn nu grotendeels opgelost. Echter, merkspecifieke databussen werken over het algemeen aanzienlijk sneller dan NMEA-interfaces, en snelheid is erg belangrijk. Stuurimpulsen kunnen nooit snel genoeg van de ene sensor naar de andere worden verstuurd.

Een stuurautomaat kan, op basis van het signaal van het fluxgatekompas of gyrokompas dat is geoptimaliseerd in een geïntegreerd navigatiesysteem, uitstekend van het ene waypoint naar het andere sturen. Natuurlijk moet de wind mee willen werken

Aan de kaartentafel navigeren met de
AUTOHELM NAVPLOTTER 100

22

De gever van de windvaan

Bijna alle stuurautomaten kunnen op een windvaan worden aangesloten. Hierdoor kunnen ze het signaal van de schijnbare windhoek als stuurimpuls gebruiken. Het signaal komt van de windset bovenin de mast of van een kleine windvaan achter op het schip. Geen van beide opstellingen is erg bevredigend. De windset in de mast heeft last van de stuwing vanuit het grootzeil, en ondergaat bij zeegang allerlei bewegingen, en de windvaan achter op het schip geeft door verstoringen van de luchtstroom een verwarde uitlezing. Deze signalen moeten aanzienlijk worden gedempt en bewerkt voordat ze een bruikbaar signaal opleveren. Daar komt bij dat de windvaan van veel stuurautomaten erg klein is.

Als de koerscomputer wordt gebruikt om de schijnbare windhoek te berekenen, is een aanzienlijke hoeveelheid gegevens nodig om nauwkeurige en uitvoerbare commando's voor de stuurmodule te kunnen produceren: het slingeren en stampen, de snelheid, de acceleratie, de windhoek en indien mogelijk ook de ware parameters (bv. De ware windhoek) moeten worden meegenomen. Tijdens het zeilen moet de stuurautomaat altijd hetzij op het signaal van de windvaangever zijn ingesteld, hetzij op het kompassignaal, en nooit op een navigatie-instrument of een waypoint. Het belang van kunnen sturen op de schijnbare windhoek – de stuwende kracht van de boot - kan niet genoeg worden benadrukt.

Stroomverbruik

Het stroomverbruik van een stuurautomaat wordt niet alleen bepaald door het gekozen model maar ook door de volgende factoren:

? De lengte en de waterverplaatsing van het vaartuig. Hoe meer boot in beweging moet worden gebracht, hoe groter het stroomverbruik.

? Het type roer: een aan de kiel aangehangen roer vereist meer kracht omdat het geen balans heeft. Een balansroer zonder scheg stuurt het lichtst.

? De snelheid waarmee de corrigerende roerbewegingen moeten worden gemaakt: dit is afhankelijk van de koersvastheid van de boot, en daarmee ook van de vorm van het onderwaterschip.

? De zeiltrim en loefgierigheid: slecht getrimde zeilen en loefgierigheid vragen altijd meer van de stuurautomaat dan een goed getrimde boot.

? De zeeomstandigheden: veel zeegang en gieren vragen veel stuurinterventie door de stuurautomaat.

? De gewenste nauwkeurigheid: hoe nauwkeuriger de koers moet worden aangehouden, des te harder de stuurautomaat moet werken.

? De nauwkeurigheid van de software of van de handmatige instelling: hoe verfijnder de algoritmen van de koerscomputer, d.w.z. hoe beter deze zijn ingesteld op de specifieke boot, des te lager het stroomverbruik zal zijn. Het stroomverbruik van een apparaat met handmatige bediening hangt voor een aanzienlijk deel af van de gevoeligheid van de bediening en van het bedieningsgemak.

Energiebesparing

Als je je boot met betrekking tot de bovengenoemde punten optimaliseert, kun je een aanzienlijk lager gemiddeld stroomverbruik bereiken. Je hoeft dan alleen nog maar de frequentie van de koerscorrecties terug te brengen. In de praktijk komt dit neer op het vergroten van de toegestane koersafwijking voordat de stuurautomaat reageert.

Alle moderne stuurautomaten zijn zelflerend, hetgeen wil zeggen dat ze regelmatige patronen in het gieren kunnen herkennen. Daardoor kunnen ze de operationele cyclus te verkorten en de tijd dat de motor loopt, terugbrengen. Ze kunnen daardoor ook op een eerder moment in de steeds terugkerende beweging ingrijpen, en op deze manier grotere roerbewegingen in een later stadium voorkómen. Helaas houdt hiermee de lijst van energiebesparende maatregelen op.

De fabrikanten baseren hun gegevens over het gemiddelde energieverbruik van stuurautomaten voor in de kuip op een operationele cyclus van 25%. In termen van de daadwerkelijke tijd dat de stuurautomaat werkt, betekent dit dat de boot 15 minuten actief gestuurd wordt, en zichzelf de overige 45 minuten zonder enige actie aan het roer op koers houdt. Dit lijkt enigszins optimistisch; het feitelijke stroomverbruik zal vaak hoger liggen.

De voorbereiding van een lange reis drukt je pas echt met je neus op de kloof tussen de theorie en de praktijk van het stroomverbruik. Energiemanagement is hier van groot belang aangezien alle stroom die aan boord wordt verbruikt, eerst aan boord moet worden opgewekt. Het verschil tussen het door de fabrikant opgegeven gemiddelde stroomverbruik en de feitelijke tijd dat de motor van de stuurautomaat werkt kan enorm zijn; de werkelijkheid is nooit 'gemiddeld' en het feitelijke stroomverbruik is altijd hoger.

Op een boot die alleen is uitgerust met een dieptemeter, een hand-GPS, olielampen in de kajuit, een windvaanbesturing en die geen vriezer heeft – een boot dus waarvan het stroomverbruik tot een minimum is teruggebracht – zal de accu bijna nooit helemaal leeg raken. Op het gemiddelde zeegaande jacht is dat totaal anders. De vloot die elk jaar in het kader van de ARC langs de Canarische Eilanden komt laat een duidelijke trend zien: alleen al in de laatste 10 jaar is de gemiddelde lengte van de deelnemende jachten toegenomen tot zo'n 13 meter, terwijl nog maar een handjevol kleiner is dan 10 meter . De boten zijn in het algemeen ook uitstekend uitgerust. De meeste hebben navigatie-instrumenten als GPS, plotters, radar, radio's voor kortegolf, SSB en VHF, koeling, pompen, een watermaker en binnen- en buitenverlichting.

Als je het gemiddelde stroomverbruik per 24 uur van al deze toepassingen voor een 44-voeter in de lagere breedten bij elkaar optelt, kom je gauw op een totaal van 120 Ah – zelfs zonder werkende stuurautomaat. Dit voorbeeld toont duidelijk aan hoe nodig het is om aan boord van een zeiljacht zuinig om te gaan met energie. Een stuurautomaat betekent een forse aanslag op de energiehuishouding, zeker als het systeem meer is gekozen om zijn prestatie dan om zijn lage stroomverbruik. Er zijn hele boeken gewijd aan alleen maar het energiemanagement aan boord: als je te weinig aandacht aan dit complexe onderwerp besteedt voordat je vertrekt word je daar straks ergens op zee op een vervelend manier aan herinnerd.

Navigatie aan dek met Autohelm

De stuurautomaat die door de fabrikant voor ons voorbeeldjacht van 13 meter wordt aanbevolen, gebruikt tussen de 2,7 en 6 A per uur. Dit betekent dat als hij continu bij staat, het totale stroomverbruik aan boord per 24 uur nog eens met minstens 50% wordt opgedreven. Daarbij moeten we niet vergeten dat sommige apparaten in het elektrische boordsysteem uitvallen als de spanning beneden 10,5 V zakt. Tegen deze achtergrond begint een ogenschijnlijk grote accucapaciteit van 600 Ah al wat minder indrukwekkend te lijken.

Wind- en sleepgeneratoren en zonnepanelen kunnen helpen, maar zelfs deze zijn (afhankelijk van de omstandigheden) geen garantie tegen een aantal uren per dag gedwongen motorgebruik (zoals de bekende wereldzeiler en raceorganisator Jimmy Cornell bevestigde nadat hij de schippers na afloop van zijn Europa 92 race had gehoord). Wanneer één van de additionele generatoren slecht werkt of uitvalt, moet onontkoombaar nog langer de motor worden gebruikt. Zonder goede geluidsisolatie kan het ijzeren zeil al gauw een onwelkome verstoring van het leven aan boord worden. De extra warmte van de motor is bovendien vaak meegenomen, goed tegen de middagkilte in Bermuda...

Het energiegebruik steekt op boten die hoofdzakelijk voor weekeinden en vakanties worden gebruikt natuurlijk minder nauw, omdat je bij deze manier van zeilen veel de motor gebruikt en je altijd wel walstroom bij de hand hebt om de accu weer op te laden.

De instelmogelijkheden van een stuurautomaat:

de Autohelm 6000/7000

25

1. De 'Gain', die negen standen heeft, bepaalt de mate waarin roer wordt gegeven om de boot op de gewenste koers terug te brengen. Als de hoek te groot wordt gekozen wordt er overstuurd; als hij te klein is wordt er onderstuurd.
2. De 'Rudder Damping'- functie heeft negen standen en dient om de gierende bewegingen te dempen.
3. De 'Rudder amidships position' in de roerstandgever kan met + of - 7° worden ingesteld.
4. De 'Rudder Limit'- functie voorkomt dat de stuurautomaat op volle kracht maximale roeruitslag geeft, hetgeen zou kunnen resulteren in mechanische schade.
5. De 'Boat Turn Rate' bepaalt hoe snel de boot draait als de stuurautomaat koerscorrecties uitvoert.
6. De stuurautomaat kan worden ingesteld voor een gemiddelde 'Cruise Speed' tussen de 4 en de 60 knopen (zeilboot of motorboot).
7. Het instelbare koersalarm gaat af als de koers van het vaartuig langer dan 20 seconden meer dan een ingesteld maximaal aantal graden van de gewenste koers afwijkt.
8. De 'Trim' kent vier standen. Deze functie bepaalt de roerbeweging die nodig is om excentrische voortstuwing te compenseren (d.w.z. als een schroef uit het midden van de boot is gemonteerd, alleen in gebruik bij varen op de motor).
9. De 'Joystick' heeft twee standen, maar deze zijn voor zeilboten niet erg relevant.
10. De bediening kan worden ingesteld voor lineaire of hydraulische aandrijving.
11. De responshoekfunctie zorgt ervoor dat de respons van de stuurautomaat wordt aangepast als er sprake is van speling op de roerinrichting, en heeft negen standen.
12. De kompasdeviatie kan worden ingevoerd.
13. Er is een instelbare Northerly/Southerly Turning Error Compensation om in gebieden waar de noord-oriëntatie erg onzeker is te waarborgen dat het kompas het juiste signaal krijgt.
14. De reactiesnelheid van de stuurautomaat kent drie standen; hoe hoger deze is ingesteld, hoe groter de precisie waarmee wordt gestuurd en hoe groter uiteraard ook het stroomverbruik.

De beperkingen van stuurautomaten

Zelfs de allerbeste stuurautomaten hebben het moeilijk op aandewindse koersen in een variabele wind. Dit komt doordat ze kleine veranderingen in de windrichting niet waarnemen. De enige oplossing is om lager te gaan sturen waardoor je helaas hoogte verliest. Het is mogelijk om een windvaan aan de koerscomputer te koppelen, maar zoals we hiervoor al hebben gezien, leidt dat niet altijd tot bevredigende resultaten.

Nu profiteren oceaanzeilen graag van lopende winden . De wereldroutes zijn alom bekend; elke lange afstandzeiler wil zo snel mogelijk in de vrijwel eeuwige passaatwind komen en droomt van heerlijk voor de wind varen. Daarom is het veel belangrijker dat een stuurautomaat – elke vorm van zelfsturing trouwens – goed een voordewindse koers kan houden. Geen enkele ervaren zeiler verwacht wonderen van de stuurautomaat: een nauwkeurigheid van 5° in de passaat met een hoge zee achterop is gewoon niet realistisch. Maar ook is het geen goede zaak als je stuurautomaat soms 100° van de algemene koers afwijkt – je zult wel aankomen, maar waarschijnlijk niet daar waar je wilde.

De enige manier om zeker te zijn van een zelfstandig opererende stuurautomaat die goed stuurt is, een krachtig en snel systeem aan te schaffen. Niets anders kan een goede stuurprestatie bij elke wind en elke zee garanderen, maar deze oplossing brengt ons onvermijdelijk weer terug bij de kwestie van het stroomverbruik. Uiteindelijk zal elke schipper zelf moeten besluiten welke oplossing het beste bij zijn behoeften past, gezien de stroomcapaciteit aan boord en de dagelijkse stroombehoefte.

De kwestie van het stroomverbruik brengt menige schipper in de verleiding om een iets te kleine stuurautomaat te riskeren. Onvermijdelijk zal zo'n systeem slechter presteren als de omstandigheden zwaarder worden. Het heeft geen reservecapaciteit aan snelheid en kracht om aan de meer veeleisende situatie het hoofd te bieden, het zal te traag en te zwak reageren om de boot op koers te kunnen houden en uiteindelijk zal het de handdoek in de ring werpen. In zulke omstandigheden dreigt ook mechanische overbelasting. Chuck Hawley van West Marine, één van 's werelds grootste verkopers van stuurautomaten met eigen servicecentra en meer dan 400 verkooppunten in de Verenigde Staten, gaat nog verder, als hij in de uitgebreide catalogus van zijn bedrijf opmerkt, dat een stuurautomaat voor in de kuip tijdens een langere reis wel eens gerepareerd zal moeten worden. Hij zegt verder: 'Wij raden je voor lange afstandzeilen geen stuurautomaat voor in de kuip aan, tenzij het volgende van toepassing is:

1. Je hebt een reserve stuurautomaat voor het geval de eerste het begeeft.
2. Je hebt een windvaan en bent niet uitsluitend afhankelijk van de stuurautomaat.
3. Je vindt het leuk om zelf langdurig aan het roer te zitten'

De werksnelheid en de kracht van de aandrijving zoals die voor de verschillende kuipstuurautomaten worden opgegeven zijn een goede indicatie van de prestaties die je kunt verwachten.

Elektromagnetische storing

De storing van kortegolfzenders en ontvangers aan boord was ooit een algemeen probleem dat de oorzaak was van plotselinge onbedoelde koersveranderingen door de stuurautomaat. De Europese CE (Elektromagnetische Compatibiliteit) Maatstaf moet dit soort storingen in de stuurautomaat voortaan voorkomen. Bestaande elektronische systemen kunnen het beste worden beschermd door een goede isolatie van alle kabels.

Zeilen onder extreme omstandigheden

Stuurautomaten weigeren dienst in gebieden waar de noordrichting onzeker wordt. Oceaanzeilers in races als de BOC en de Vendée Globe komen op hogere breedten van de zuidelijke oceanen in de problemen als de stuurautomaat er plotseling mee ophoudt nadat hij zijn noordoriëntatie is kwijtgeraakt. Nandor Fa, de schipper van het Hongaarse jacht *K&H Bank* in de Vendée Globe van 1992 (non-stop singlehanded om de wereld) kreeg van de fabrikant van zijn Robertson-systeem, nadat hij deze per fax om hulp had gevraagd voor zijn stuurautomaat die in de war was, het volgende antwoord: "Draai binnen een paar minuten tijd in rustig water driemaal een complete cirkel – zo kan het kompas zichzelf weer opnieuw oriënteren"

Nandor Fa aan boord van *K & H Bank*

Dit was gezien de chaotische zeeomstandigheden in de zuidelijke oceanen niet zo'n praktisch advies. Pas nadat hij een paar dagen op de hand had gestuurd kwam Fa op het idee om het kompas te demonteren en het heel behoedzaam in zijn hand te draaien. Sindsdien heeft hij Autohelmsystemen gebruikt, die nu speciale GPS-ondersteunde software hebben om het kompas te helpen duidelijke stuursignalen af te geven, zelfs waar het noorden onzeker wordt. De nauwe samenwerking tussen fabrikanten en zeilers in evenementen zoals de BOC en de Vendée Globe staat garant voor een voortdurende ontwikkeling van de systemen. Praktisch alle boten in deze races worden tegenwoordig met Autohelm bestuurd.

Eén van de resultaten van deze samenwerking is de ontwikkeling van sterkere aandrijvingen voor op ruim water. Autohelm introduceerde het 'Grand-Prix'-opwaarderingspakket voor zijn 4000/6000/7000 series in 1996. De onderdelen van de aandrijving die zwaar worden belast en die tot nu toe van Delrin (plastic) waren, zijn vervangen door metalen onderdelen. Zoals verscheidene lange afstandschippers spijtig genoeg moesten ondervinden, is plastic soms onvoldoende bestand tegen de soms grote krachten die op de onderdelen van de aandrijving inwerken. Echter voor vakanties en dagtochten, waarbij extreme belasting zelden voorkomt, voldoen plastic onderdelen uitstekend. Hydraulische systemen kennen deze problemen met overbelasting niet omdat ze geen mechanische onderdelen in de aandrijving hebben (Autohelm 6000/7000 met hydraulische of hydraulisch-lineaire aandrijving, B&G NETWORK, HYDRA 2, Robertson, VDO, Vetrek, Navico, Coursemaster, Silva, Alpha, W-H).

Stuurautomaten voor verschillende doeleinden

Vakanties en weekendtochten

De meeste zeilers gebruiken hun boot hoofdzakelijk tijdens de weekeinden en de vakanties, hetgeen de snelle groei van het aantal elektrische stuurautomaten deels verklaart. Het stroomverbruik is tijdens dagtochten geen wezenlijk probleem en de kwaliteit van de stuurprestatie is ook relatief onbelangrijk, aangezien je zonodig altijd met de hand kunt sturen. De zeeomstandigheden hebben nauwelijks invloed op de stuurprestatie aangezien het merendeel van de weekendzeilers zich niet op ruim water waagt. In elk geval maakt voor de gemiddelde zeiler het sturen deel uit van het zeilgenoegen, zodat de stuurautomaat eigenlijk niet meer dan een gemaksvoorziening is. Die neemt het vervelende werk op zich (het sturen tijdens varen op de motor) en biedt de bemanning de vrijheid om bijvoorbeeld gezamenlijk te eten. Stuurautomaten, tenminste de kuipmodellen, liggen ook binnen het financiële bereik van de gemiddelde zeiler.

Het belang van een stuurautomaat aan boord van een jacht neemt toe met de lengte van de reis. Tijdens een korte tocht zal er over het algemeen altijd wel een vrijwilliger zijn die aan het roer wil, maar op een langere reis wordt het eentonig om handmatig te sturen en zal uiteindelijk de stuurautomaat ingeschakeld worden. De gemiddelde weekend- en vakantiezeiler heeft een goede stuurautomaat maar maakt daar relatief weinig gebruik van.

Autohelm heeft veel meer energie gestoken in de weekend- en vakantiesector dan welke andere fabrikant dan ook en is de wereldmarktleider op dit gebied; in het bijzonder dankzij de kuipstuurautomatenserie heeft het bedrijf een marktaandeel van 90%..

Kustzeilen

Gewoonlijk houdt kustzeilen op open water in dat langere reizen worden gemaakt. Een kleine bemanning is het sturen al snel zat en hier begint de kwaliteit van de stuurautomaat belangrijk te worden. De zeeomstandigheden en factoren als getijdenstromen, ondiepten, smalle geulen en wind op de kop doen allemaal af aan de prestatie van stuurautomaten. Ze krijgen het moeilijk bij ruwe zee en als de golven hoger en steiler worden, komen de beperkingen van een bepaald systeem al snel aan het licht. Het is niet verwonderlijk dat intelligente systemen die zich gemakkelijk aanpassen, onder veeleisende omstandigheden beter functioneren dan fabrieksmatig ingestelde apparaten die je niet kunt aanpassen.

In het algemeen zijn kustzeilende jachten uitstekend uitgerust. Het belang van goed sturen betekent dat krachtige ingebouwde stuurautomaten direct op het hoofdroer veel algemener zijn; zwakkere systemen zijn op open zee al gauw te kwetsbaar.

Hoewel krachtiger stuurautomaten onvermijdelijk meer stroom gebruiken leidt dit zelden tot accuproblemen omdat bij kustzeilen vrij vaak op de motor wordt gevaren.

Oceaanzeilen

Een stuurautomaat staat en valt bij zijn prestatie op de oceaan. Een te klein gekozen systeem werkt daar te langzaam, te zwak en met teveel vertraging om de boot op koers te kunnen houden, met sterk gieren als gevolg. De nachtmerrie van elke zeiler is om uit het roer te lopen, in de wind te komen liggen of erger nog, en schade aan tuig of boot op te lopen. Bij een hoge zee zou een onbetrouwbare stuurautomaat je wel eens voor heel lange tijd zelf aan het roer kunnen houden.

Voor singlehanded zeilen of voor een kleine bemanning is de keuze van een stuurautomaat van levensbelang: duizend mijl op zee is meer dan genoeg om de kloof tussen theorie en praktijk aan den lijve te ondervinden en de keuze voor een verkeerd systeem kan de hele reis in gevaar brengen. Het grote aantal zeilers dat, door ervaring wijs geworden, na het eerste deel van hun reis in Vilamoura, Gibraltar of Las Palmas blijft liggen om een tweede systeem te monteren, reserveonderdelen in te slaan of een windvaan te kopen als aanvulling op hun stuurautomaat is daarvan het bewijs. Het is niet toevallig dat bedrijven als Hydrovane en Windpilot zoveel windvanen verkopen in deze strategische Europese vertrekhavens!

Hoewel stuurautomaten op oceaanjachten tot de standaarduitrusting behoren, zijn ze door de beperkingen van de diverse systemen (te zwak, mechanische problemen) in feite niet voortdurend in gebruik. Het is daarom onvermijdelijk dat je een zekere hoeveelheid tijd zelf stuurt. Dat is niet altijd leuk en het verstoort het leven aan boord. De prestatie van stuurautomaten neemt sterk af bij toenemende wind en golven, dus sturen bij zwaar weer is ook vaak het werk van een menselijke roerganger. Die heeft uiteraard als voordeel dat hij brekers kan zien aankomen en ze hopelijk kan vermijden.

Jimmy Cornell, de organisator van lange afstandsraces voor toerzeilers, stelde in zijn conclusies na de EUROPA 92- race om de wereld dat voor slechts 50 % van de totale tijd op zee door automatische systemen was gestuurd. De rest van de tijd was gekozen voor sturen op de hand, hetzij om sneller te gaan en meer zeil te kunnen voeren hetzij omdat de automatische besturing gewoon de omstandigheden niet aankon. Sommige bemanningen hadden geen vertrouwen in hun techniek. Bijna alle schippers gebruikten de stuurautomaat om door windstiltes te motoren, ook degenen die als er genoeg wind stond om te zeilen liever zelf stuurden.

De voor oceaanoversteken typische combinatie van voor de wind zeilen en lange achteropkomende golven stelt de hoogste eisen aan elke stuurautomaat. De roercorrecties moeten snel en met kracht worden uitgevoerd en dat drijft het stroomverbruik op, wat een aanslag is op de energiehuishouding aan boord. Dit drukt je weer op het fundamentele belang van verantwoorde planning van het stroomverbruik voor elk schip dat zich uitsluitend op een stuurautomaat wil verlaten. Het gemiddelde stroomverbruik van de stuurautomaten in de EUROPA 92 was ongeveer 4,9 Ah (de gemiddelde bootlengte was 15-18 meter).

Daarbij komt dat de elektromechanische betrouwbaarheid van stuurautomaten nog steeds te wensen overlaat, zeker onder de omstandigheden die je tijdens oceaanzeilen kunt verwachten. Dit betekent in de praktijk dat elke stuurautomaat het vroeg of laat helemaal zal begeven en dat sturen op de hand dan onvermijdelijk is. De Amerikaanse Seven Seas Cruising Association (SSCA) rapporteerde naar aanleiding van een recent onderzoek onder jachteigenaren dat de gemiddelde stuurautomaat 300 uur meegaat voordat hij kapot gaat. Een omvangrijke studie in Amerika wees uit dat stuurautomaten gewoonlijk een technische levensduur hebben van vijf jaar voordat ze moeten worden vervangen. Dit betekent dat alleen in de VS al duizenden apparaten per jaar op de schroothoop gaan, en hoewel de studie zowel zeilboten als motorboten en vissersschepen betreft is dit een ontnuchterende gedachte. In het kantoor van de ARC in Las Palmas hangt een lijst met schippers die op reparatie van hun stuurautomaat wachten en de oceaanzeiler in spe zou aan één blik op die lijst genoeg moeten hebben om zich grote zorgen te maken.

Het is niet verbazend dat grotere elektrische circuits met meer componenten kwetsbaarder zijn voor pechduiveltjes; één klein componentje met storing kan in sommige gevallen een heel systeem platleggen. Nog een bedreiging is vocht: het is aan boord, zelfs benedendeks, altijd vochtig, en sommige apparaten zijn niet zo waterdicht als je mocht verwachten. Oververhitting kan ook tot problemen leiden. De keuze van Autohelm voor de kleur zwart voor zijn kuipstuurautomaten leidt vooral in de tropen tot problemen omdat deze kleur tot temperaturen leidt die de voor de werking van het apparaat problematische grens overschrijden. De enige remedie is hier een pot witte verf!

Het valt op dat mensen die aan boord wonen, zich van alle onnodige spullen ontdoen en uiteindelijk terugvallen op alleen het hoognodige aan uitrusting. Dat een goede zelfstuurinrichting dan steeds nog een plaats verdient zegt iets over het belang ervan. De apotheker Lorenz Findeisen heeft 39 jaar lang met zijn Westerly 39 door het Caribisch gebied gezworven. Toen hem werd gevraagd hoe het zo kwam dat hij niet meer uitrusting had, was zijn antwoord: 'Het meeste is al heel lang geleden kapot gegaan, maar dat kan me niet veel schelen. Zolang mijn ankergerei, mijn kooktoestel en mijn windvaan maar in orde zijn, kan ik zeilen.'

Autohelm is de marktleider voor inbouwstuurautomaten. Robertson heeft aanzienlijke ervaring als leverancier voor koopvaardijschepen en is mogelijk tweede. B&G, die zich hoofdzakelijk toelegt op precisiegevers voor wedstrijdboten, levert vrij veel van zijn NETWORK- en HYDRA 2- systemen aan deze categorie boten.

Wedstrijdzeilen

Voor ons doel onderscheiden we twee soorten wedstrijden:

1 Voledig bemande boten

Deze worden bijna altijd met de hand gestuurd. Dit geldt voor alle wedstrijden, van een gewone clubwedstrijd tot de allerberoemdste, de Whitbread Round The World Race. Whitbread boten en boten voor vergelijkbare wedstrijden zijn in alle opzichten extreem: extreem in hun ultralichte constructie (ultralight displacement boats oftewel ULDB's) waardoor ze met grote snelheden kunnen surfen; extreem in hun tuigage, die oversized is en tot in het oneindige te trimmen; en extreem in hun doel, namelijk constant op de absoluut maximale snelheid varen. Extreem wedstrijdzeilen is een uitputtende sport die bemanningen drijft tot het uiterste en bij de grootste wedstrijden, waar veeleisende sponsors succes en publiciteit verwachten, zelfs nog verder. Als er al stuurautomaten op dit soort boten worden gebruikt (bijvoorbeeld bij het overvaren naar de startplaats) komen alleen gecomputeriseerde 'intelligente' systemen in aanmerking (bijv. B&G Hydra/Hercules, Autohelm 6000/7000, Robertson AP 300 X).

Wedstrijdzeilen met een grote bemanning

De start van de Vendée Globe in november 1992

2: *ULDB's in singlehanded wedstrijden*

Deelnemers aan de Vendée Globe, de singlehanded non-stop race om de wereld die elke vier jaar in Les Sables d'Olonne start, sturen uitsluitend op de automaat. De race, waarvan ook 50 en 60-voets klassen deel uitmaken, wordt door fabrikanten van stuurautomaten als de ultieme test gezien; ze zijn zeker van de allermoeilijkste omstandigheden en gebruik van windvaansystemen is feitelijk uitgesloten (zie de paragraaf Oceaanzeilen). Sommige oudere wat langzamere schepen in de BOC Race (singlehanded om de wereld in etappes) hebben een windvaan als back-up, maar ook hier wordt het meest op de automaat gestuurd.

60 voets ULDB *Charente Maritime*

ULDB's, die maar zelden een motor hebben, zijn voor de stroomvoorziening afhankelijk van generatoren, zonnecellen of windmolens. De boten kunnen snelheden van 25 knopen bereiken, dus alleen de krachtigste en meest 'intelligente' gecomputeriseerde systemen zijn sterk en snel genoeg om ze op koers te houden. Op alle boten zitten stuurautomaten en die sturen het grootste deel van de tijd. Hoewel de deelnemers aan de lange singlehanded races over het algemeen een slaap/waak-cyclus van 10 minuten aanhouden, zijn ze voortdurend attent op de bootsnelheid en de veiligheid. Nandor Fa verloor in één Vendée Globe ongeveer 12 kilo en weet maar al te goed hoe de effecten van dit soort ontberingen zich nog lang laten voelen.

Autohelm is sterk aanwezig in deze wereld van de extreme zeilerij. Het bedrijf heeft met name aan deze tak van de zeilsport veel aandacht besteed en heeft zijn succes verdiend door vóór, tijdens en na races voortdurend aanwezig te zijn, zich sterk in te spannen voor een goede service en door een goede verstandhouding op te bouwen met de deelnemers.

De keuze van een stuurautomaat

Naarmate het schip groter wordt, neemt de effectiviteit van kuipstuurautomaten snel af. Volgens de specificaties van de fabrikanten zijn hun krachtigste modellen geschikt voor boten van maximaal 9 ton, en zelfs dit lijkt in zwaardere omstandigheden aan de optimistische kant. Kuipstuurautomaten gaan bij zwaardere belasting ook meer stroom verbruiken en het is daarom niet verstandig om een apparaat te kiezen dat volgens de aangegeven begrenzingen maar net voor de betreffende boot geschikt is.

Met betrekking tot inbouwstuurautomaten is de belangrijkste beslissing welk type aandrijving er geïnstalleerd moet worden. De keuze tussen een mechanisch-lineaire, een hydraulisch-lineaire of een hydraulische aandrijving hangt in feite af van:

     ✍ De bootmaat
     ✍ De bestaande stuurinrichting
     ✍ De accucapaciteit
     ✍ Het beoogde gebruik

Terwijl een mechanisch-lineaire aandrijving minder stroom trekt en vaak meer geschikt is voor kleinere boten, komt deze in het algemeen kracht te kort voor boten van langer dan 12 meter. Hydraulisch-lineaire aandrijvingen zijn beter voor grotere boten met grotere krachten op het roer en grote accu's. Hydraulische aandrijvingen zijn bij uitstek geschikt voor boten met een hydraulische hoofdstuurinrichting, en een continu lopende hydraulische pomp is de beste optie voor maxi's of nog grotere boten.

Voor de vereiste snelheid van de stuurautomaat om een bepaalde boot op koers te houden is een berekening nodig. Boten voor lange reizen met een lange kiel kunnen goed uit de voeten met een krachtig maar langzaam werkend systeem; ongeveer 5-6° roerbeweging (onbelast) per seconde is over het algemeen voldoende. Een lichtgebouwde 30-voeter met een vinkiel en balansroer zal zo'n 15-20° (onbelast) nodig hebben, maar de kracht op het roer zal nooit erg groot hoeven te zijn.

Jachteigenaren zullen in het algemeen de hulp van de fabrikant nodig hebben om te berekenen wat hun specifieke boot precies nodig heeft. Op dit punt zijn een goede ondersteuning en service van een fabrikant erg belangrijk en dit zal voor een eigenaar zeker doorslaggevend zijn. Voor motorbootvaarders die zelden met hun boot buiten het bereik van servicemonteurs komen, blijven de gevolgen van een verkeerde beslissing beperkt tot frustratie en ergernis. Voor een oceaanzeiler kunnen ze desastreus zijn: dagen en nog eens dagen achter elkaar onafgebroken aan het roer.

Een laatste criterium bij de keuze van een stuurautomaat, dat je niet ongestraft over het hoofd kunt zien is het comfort benedendeks. Een lawaaierige aandrijving kan een overigens heel gezellige kajuit bijna onleefbaar maken.

Windvaanstuurinrichtingen

Windvaanstuurinrichtingen krijgen hun stuurimpuls van de schijnbare windhoek. Dat betekent voor een zeilboot dat dez wordt voortgestuwd met een kracht die in een hoek staat ten opzichte van de schijnbare wind. Wanneer de zeilen en de windvaan eenmaal in de goede hoek ten opzichte van de schijnbare wind zijn ingesteld, zal de boot deze hoek voortdurend blijven sturen en zullen de zeilen steeds juist zijn getrimd.

Bij de planning van een reis speelt de overweging van de windrichting een sleutelrol. Als de wind van achteren komt, kun je de koers uitzetten en genieten van een comfortabele tocht van A naar B volgens de kortste route. Maar als de wind van voren komt, is kruisen onvermijdelijk en heb je niets aan een kompaskoers. De kortste route is niet de snelste als de zeilen killen.

De drie elementen van een windvaanstuurinrichting zijn de windvaan, de overbrenging en het roer. We gaan hierna op elk afzonderlijk in:

De Windvaan

De stuurimpuls in een windvaanstuurinrichting komt van de windvaan. De vaan ontleent zijn energie aan de schijnbare wind die erlangs stroomt. Er zijn twee types vanen, de horizontale en de verticale.

De vertikale vaan

De werking

De verticale of V-vaan draait om een verticale as (hetzelfde principe als een windwijzer). Hij wijst altijd recht in de wind, dus het effectieve windvaanoppervlak (het oppervlak dat feitelijk windkracht ondervindt) is nooit erg groot. Als de boot van koers af raakt, draait de windvaan met hetzelfde aantal graden als de koersafwijking. De stuurimpuls die door deze draaiing wordt gegenereerd kan maar een beperkte hoeveelheid kracht opleveren aangezien een V-vaan een klein koppel heeft.

De instelling

Een V-vaan naar de windrichting stellen kan nauwelijks simpeler: als hij vrij kan draaien, zal hij altijd recht in de wind wijzen en geen aparte instelling nodig hebben. Hij kan voor verschillende windsterkten worden ingesteld door hem in of uit te schuiven. Als je de afstand tussen de vaan en zijn as vergroot (langere arm), geeft dat meer kracht voor licht weer. Als je de afstand verkleint (kortere arm), helpt dit om in zwaarder weer de trillingen in de vaanconstructie te reduceren.

De vorm

De luchtstroming langs een verticale windvaan is altijd laminair, dus aërodynamische secties of een wigvorm met een rand die de stroming splitst zijn de meest efficiënte vormen. Beide zijn niet alleen zwaar maar ook complex en duur om te bouwen, dus geven alle fabrikanten de voorkeur aan eenvoudige platte vanen.

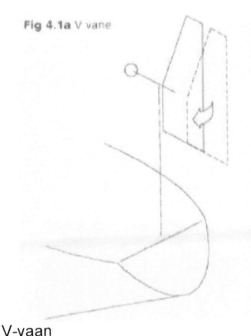

Fig 4.1a V vane

V-vaan

V-vaan, Windpilot Atlantik hulproersysteem

Het oppervlak

Wigvormige V-vaan, Saye's Rig

V-vanen moeten een vrij groot oppervlak hebben (tot 1 m²) om voldoende stuurimpulsen en de nodige stuurkracht te kunnen leveren. Ze nemen door hun omvang en hun draaicirkel veel ruimte in op de spiegel; permanente bakstagen, bezaanmasten en davits zitten snel in de weg.

Contragewicht

Vanwege zijn aanzienlijke omvang en gewicht moet een V-vaan heel goed uitgebalanceerd worden door middel van een contragewicht. Dit is vooral in de lichtweerstand van belang omdat anders stuurimpulsen worden gegenereerd door de helling van de boot. In de stand voor zwaar weer, waarbij de vaan tegen zijn as aan zit, steekt dit minder nauw omdat de hardere wind genoeg kracht zal uitoefenen om de verstoringen door bewegingen van de boot te compenseren.

Wat is er op de markt?

De volgende fabrikanten gebruiken verticale windvanen: Hasler, RVG, Saye's Rig, Schwingpilot, Windpilot Atlantik/Caribik.

De Horizontale Vaan

De werking

Een horizontale of H-vaan draait om een horizontale as. Als hij recht in de wind wijst, staat hij rechtop. Als de boot van koers raakt, blaast de wind tegen de zijkant, en zal de vaan overhellen. Dit type vaan onderscheidt zich door het feit dat de wind hem ingeval van een koersafwijking op zijn hele oppervlakte treft in plaats van alleen maar aan de voorkant. Als gevolg daarvan heeft hij een belangrijk groter effectief oppervlak. H-vanen kunnen daarom een aanzienlijk grotere hefboomwerking uitoefenen dan V-vanen en hebben de reputatie ongeveer 5 á 6 maal zo efficiënt te zijn.

De instelling

Bijna alle horizontale vanen kunnen meer of minder voorover of achterover worden gezet. De stand rechtop geeft het grootste effectieve windoppervlak, hetgeen prettig is met licht weer. Als je naarmate de wind toeneemt de vaan meer achterover zet - van de wind af - worden hierdoor de dwarsscheepse bewegingen van de vaan gedempt, waardoor de zelfstuurinrichting soepeler werkt.

De vorm

Omdat een horizontale vaan zijn kracht ontleent aan de wind die er zijdelings tegenaan blaast, levert een andere dan de platte vorm geen voordelen op.

Monteren en weghalen

Veel van de hedendaagse horizontale windvaansystemen hebben een hechthouten vaan die in een houder wordt gezet. Om bij harde wind schade te voorkomen moet er een groot raakvlak zijn tussen de houder en de vaan. De vaan moet ook gemakkelijk

Fig 4.1b H vane.

20°

	H-vaan, Windpilot Pacific Plus dubbelroersysteem
weg te halen zijn omdat de luie schipper anders in de verleiding komt om hem zelfs in de haven te laten zitten. Dit kan tot onnodige slijtage of breuk leiden . Veel ARIES-vanen zitten, nadat de schipper erachter kwam dat om de vaan te verwijderen hij de hele vergrendeling uit elkaar moet halen, al jaren gemonteerd. Bij de Sailomat 601 zit de windvaan in een gleuf in een aluminium buis, een constructie waarbij maar weinig contact bestaat tussen de houder en de vaan. Monitor-vanen kunnen worden weggehaald door een paar bouten los te nemen. De Windpilot Pacific-houder heeft een groot raakvlak met de vaan en heeft een gleuf waardoor je de vaan snel kunt weghalen door de vergrendeling met één slag los te draaien.	

Contragewicht

Een horizontale windvaan moet met behulp van een contragewicht perfect zijn uitgebalanceerd om te voorkomen dat bewegingen van de boot valse stuurimpulsen veroorzaken. In de praktijk betekent dit dat het contragewicht iets zwaarder moet zijn (tussen de 10 en 30 gram is voldoende) dan de vaan zelf. Sommige zeilers gebruiken op traditionele servo-pendulumsystemen rubbers aan het contragewicht om de windvaan in zijn neutrale positie terug te brengen. Deze maatregel vergroot de gevoeligheid van het systeem niet, maar kan de aanzienlijke traagheid van de stuurarm opheffen.

Oppervlak

Omdat hij veel efficiënter is, kan een H-vaan veel kleiner zijn dan een vergelijkbare V-vaan. Het is mogelijk om de vaan naar gelang de windsterkte in te stellen, maar dit werkt alleen als tegelijkertijd het contragewicht veranderd wordt. In elk geval zijn moderne servo-pendulumsystemen gevoelig genoeg, zodat één vaan kan worden gebruikt voor alle windsterkten. Bijna alle fabrikanten geven een oppervlakte voor de H-vaan op van 0,17 m² voor servo-pendulumsystemen en 0,25 m² voor hulproersystemen.

Als materiaal voor H-vanen heeft hechthout verschillende voordelen. Het is licht, goedkoop en sterk en een hechthouten vaan kan met de op de meeste boten in het algemeen wel aanwezige gereedschappen gemakkelijk worden vervangen. Ga er maar vanuit dat je de vaan ooit moet vervangen. Weeg hem en noteer de gegevens – elke vervangende vaan moet precies hetzelfde gewicht hebben. Een hechthouten vaan kan eenvoudig lichter worden gemaakt door er een stuk af te zagen. Als je voor licht weer een grotere vaan nodig hebt kun je het gewicht laag houden door er grote gaten in te zagen die je afdekt met spinnakerdoek.

Tip: een strook spinnakerdoek (ca. 2,5 x 80 cm.) bovenaan de achterkant van de vaan doet wonderen in licht weer. De vaan, die anders in erg licht weer wat traag kan zijn, wordt door het flapperende lint geactiveerd.

Een horizontale vaan is maar klein en gemakkelijk te hanteren en weg te nemen. H-vanen hebben in verhouding weinig werkruimte nodig. In het algemeen zijn ze bij kitsgetuigde en yawlgetuigde jachten goed toe te passen en zitten zelfs davits niet in de weg.

Een strook spinnakerdoek aan de vaan doet wonderen bij lichtweer

De overbrenging

De stuurimpuls van de vaan wordt langs mechanische weg op het roerblad van het systeem overgebracht. Afhankelijk van het type systeem kunnen dat simpele stangen, hefbomen, morsekabels of al dan niet conische tandwielen zijn. We zullen later afzonderlijk op de verschillende overbrengingen en de werking daarvan ingaan.

Het roer

De koerscorrectie wordt in geval van een hulproer rechtstreeks geëffectueerd. In geval van een pendulumroer geschiedt dit indirect, doordat dit als gevolg van de draaiing van de vaan zijdelings uitzwaait en het deze beweging vervolgens via lijnen op het hoofdroer overbrengt, dat op zijn beurt de correctie uitvoert.

Hulproer

Een hulproer is een tweede roer, dat onafhankelijk werkt van het hoofdroer. Hulproeren kunnen tot 0,27 m² groot zijn. De verhouding in oppervlakte tussen het hoofdroer en het hulproer mag niet groter zijn dan 3:1. Bedenk dat het hoofdroer de boot ook op de motor moet kunnen sturen. Het hulproer daarentegen komt alleen in actie voor kleine koerscorrecties. Het heeft niet dezelfde functie als het hoofdroer en kan daarom kleiner zijn.

De ideale verhouding tussen hoofdroer en hulproer is 3: 1

Pendulumroer

Het pendulumroer in verhouding tot het hoofdroer: het hefboomeffect is de sleutel van dit systeem

Door zijdelings uit te zwaaien wekt een pendulumroer servokracht op, die op het hoofdroer wordt overgebracht. De hoeveelheid kracht wordt bepaald door de lengte van de pendulumarm vanaf zijn draaipunt tot de onderkant van het pendulumroer. Deze afstand – de hefboom (power leverage ofwel PL) -, bedraagt gewoonlijk 150 tot 200 cm. Pendulumroeren hebben een oppervlak van ongeveer 0,1 m².

Trimvlak

Een trimvlak draait zijdelings uit en brengt zo het achterste deel van het roer waaraan het is bevestigd, in beweging. De oppervlakte van trimvlakken is gewoonlijk kleiner dan 0,08 m². Een trimvlak kan aan het hoofdroer zitten, aan het hulproer of aan het pendulumroer.

Balansroer

Als de roerkoning ongeveer 20% achterlijker dan de voorkant van het roerblad zit, spreken we van een balansroer. Hierdoor wordt de kracht die nodig is om het roer te draaien, gereduceerd.

Je kunt dit vergelijken met de plotseling veel grotere druk op de helmstok van een open zeilboot als het roerblad bij het aan de grond lopen plotseling omhoog draait. Zodra het roerblad weer in zijn verticale stand terugvalt, is de balans weer hersteld en de druk op de helmstuk weer minimaal.

Bijna alle moderne jachten hebben een roer met balans. Dit is goed voor alle soorten windvanen omdat bij een lichter roer de windvaan ook bij zwakkere stuurimpulsen nog goed kan werken. Duidelijk betere prestaties bij lichtweer zijn hiervan het resultaat.

Als de balans overdreven is en de roerkoning tussen de 22 en 25% achterlijker staat wordt het roerblad onrustig en zal het de neiging hebben om uit te zwaaien. In extreme gevallen kan het roerblad zelfs de windvaan sturen in plaats van andersom.

De verhouding trimvlak-hoofdroer: dit systeem bemoeilijkt het achteruitvaren op de motor.

Demping

Eén van de eerste dingen die je leert, is om de boot met zo weinig mogelijk roeruitslag te besturen. Veel roer geven bij koerscorrecties is meestal niet effectief omdat dan de boot altijd te ver doordraait, waardoor onmiddellijk een volgende tegengestelde koerscorrectie noodzakelijk wordt. Het resultaat is een kronkelend kielzog.

Een ervaren roerganger met gevoel voor het gedrag van de boot houdt de roerbewegingen tot een minimum beperkt. Hij houdt er in gedachten twee "stuurprogramma's" op na:
1. Hij probeert optimaal aan de wind te sturen dan wel zo nauwkeurig mogelijk een bepaalde gewenste kompaskoers aan te houden. Met de uiterste concentratie houdt onze roerganger de windindicator, de zeilen en het kompas nauwkeurig in de gaten en geeft hij of zij bijna voortdurend kleine, soms iets grotere stuurimpulsen om koersafwijkingen zo beperkt mogelijk te houden;
2. Hij houdt van een meer ontspannen manier van sturen, corrigeert de koers zo nu en dan met kleine roerbewegingen; de gevaren koers mag meer variëren.

Hoe de boot aan het roer gehoorzaamt, wordt hoofdzakelijk bepaald door het ontwerp; een langkieler zal in dit opzicht altijd trager zijn dan een boot met een vinkiel en een balansroer.

Ervaren roergangers hebben in de loop der tijd leren "dempen", hetgeen betekent dat ze zonder er bij te hoeven denken spaarzaam zijn in hun roergebruik. Roerbewegingen sturen niet alleen de boot, maar remmen hem ook af.

Een windvaansysteem heeft die ervaring niet en zal altijd te veel en te langdurig roer geven, dus voortdurend oversturen, tenzij je het systeem dempt.

Er moet dus een vorm van demping in het systeem worden ingebouwd om het juist gevoelig te laten sturen en het net zo goed of zelfs nog beter te laten sturen dan een ervaren roerganger. Dit is haalbaar.

Principe 1: Meer demping leidt tot beter sturen (uiteraard niet tot in het oneindige; er is een punt waarop het systeem dermate gedempt is dat het helemaal niet meer in beweging komt). Het is de ultieme uitdaging voor elke windvaanontwerper om een systeem te bedenken en te bouwen dat een goed evenwicht heeft tussen sturen en demping. Een systeem moet krachtig zijn maar moet zijn kracht op een beheerste manier gebruiken.

Principe 2: Hoe minder demping in het systeem is ingebouwd, hoe meer aanvullende maatregelen de roerganger moet nemen om dit gebrek te compenseren en het systeem op de boot in kwestie ingesteld te krijgen. Dit houdt niet alleen een perfecte zeiltrim in maar ook vroegtijdig reven om de mate waarin de windvaan moet sturen, binnen de perken te houden. Een slecht gedempt systeem veroorzaakt vooral moeite met ruimwindse en voordewindse koeren te zeilen, zonder dat de elementen het in feite overnemen.

Principe 3: Als er in het geheel geen sprake is van demping, is zelfsturen alleen mogelijk als de zeiltrim en het zeiloppervlak zo volmaakt zijn dat de boot helemaal uit zichzelf al een rechte koers stuurt. Als je boot helemaal uit zichzelf al een rechte lijn stuurt, kun je natuurlijk net zo goed de windvaan helemaal afschaffen. Geheel ongedempte systemen kunnen maar bij een beperkt aantal windhoeken goed sturen en zijn eigenlijk alleen geschikt als hulpje bij het sturen.

Een goed uitgebalanceerde windvaan zal altijd heel bevredigende stuurprestaties leveren en de boot onder alle zeilomstandigheden en weersituaties goed kunnen sturen. Zo'n stuk uitrusting stuurt zelfs beter dan een oplettende en geconcentreerde roerganger omdat de voortdurende demping van alle roerbewegingen de gierhoek steeds klein houdt, en je met een windvaan gegarandeerd steeds optimaal aan de wind stuurt.

De term 'effectief sturen' wordt gebruikt om de bruikbaarheid van een bepaalde windvaanstuurinrichting aan te duiden. Wat heb je aan een systeem dat maar in 70% van de omstandigheden bruikbaar is en er altijd net mee ophoudt als handmatig sturen het minst aantrekkelijk is, d.w.z. bij zwaar weer!

Voor de bemanning is het een extra belasting om steeds te proberen om uit een matige windvaan nog bevredigende stuurprestaties te halen. Uiteindelijk wordt het gemakkelijker om op de hand te sturen dan voortdurend bezig te zijn met afstellen en bijtrimmen om het de windvaan naar de zin te maken.

Demping kan worden aangebracht:
- ? Aan de windvaan;
- ? Aan de overbrenging;
- ? Aan het roer

Demping aan de windvaan

V-vaan:

Een V-vaan die om een verticale as draait (het windwijzerprincipe) wordt maar heel weinig door de wind verdraaid - ten hoogste tot het aantal graden van de koersafwijking – en er is altijd sprake van een luchtstroom aan weerszijden van de vaan. Er is daardoor sprake van een hoge mate van demping.

H-vaan:

Een H-vaan die om een horizontale as draait, krijgt door de wind een grote uitslag, soms zelfs van 90°, waarna hij tegen zijn eindstop komt. De wind oefent maar op één kant van de vaan kracht uit, en de uitslag wordt meer door de windsterkte dan de windhoek bepaald. Het gevolg daarvan is een slechte demping, omdat de vaan pas naar zijn middenpositie teruggaat als de boot weer op koers is en de wind bij de onderkant van de vaan kan om die weer rechtop te duwen. De vaan houdt daardoor de stuurimpuls te lang aan, d.w.z. wordt te laat gedempt.

Als je de horizontale as laat hellen, d.w.z. dichter naar de verticale as brengt, maakt dit het systeem minder gevoelig; het signaal tot koersverandering wordt minder groot omdat de luchtstroom eerder langs de onderkant van de vaan komt en de uitslag van de vaan wordt vertraagd.

Marcel Gianoli, één van de al eerder genoemde pioniers, heeft een essentiële bijdrage aan de ontwikkeling van de windvaanbesturing geleverd door een hoek van 20° te noemen als de optimale hellingshoek voor de horizontale windvaanas.

Karakteristieken van de drie typen windvaan:

	H-vaan	V-vaan	H-vaan, 20°
kracht	groot	klein	matig
bereik	groot	klein	matig
stand in de wind	onstabiel	stabiel	gemiddeld
ruimtebeslag/draaicirkel	groot	groot	matig
gevoeligheid	hoog	laag	gemiddeld
demping	licht	groot	gemiddeld

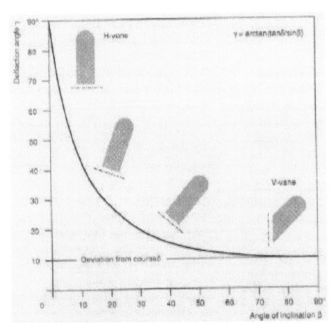

Een H-vaan die om een helemaal horizontale as draait, kan tot 90° zijdelings uitslaan voordat de wind bij de onderkant van de vaan kan om de dwarsbeweging te vertragen of te dempen. De stuurimpuls is te sterk.

Een V-vaan die om een verticale as draait, kan niet meer dan zo'n 10° worden verdraaid, gelijk aan het aantal graden van de koersafwijking. Het stuursignaal is te zwak.

Een H-vaan met een 20° hellende as vormt het optimale evenwicht tussen goede sturing en goede demping.

Vrijwel alle H-vanen maken van dit principe gebruik. Er zijn twee hoofdcategorieën:
1. H-vanen die een vaste stand van 20° hebben: Atoms, Fleming, Monitor, Mustafa, Navik, Cap Horn, Sailomat); en
2. H-vanen die vrij instelbaar zijn, waardoor ze aan verschillende windsterkten kunnen worden aangepast om beter te sturen, d.w.z.: meer rechtop bij zwakke wind, en meer helling bij sterkere wind (Aries, BWS, Hydrovane, Windpilot Pacific).
   1. Door het aanpassen van de hellingshoek van de vaan wordt de arm voor de wind veranderd. Een vaan die rechtop staat geeft een sterker signaal bij licht weer door de

langere arm, en een vaan die achterover helt geeft een zwakker signaal door de kortere arm. De hefboomwerking door de windvaan neemt af naarmate hij meer achterover helt.

Demping aan de overbrenging

De stuurimpuls van de windvaan wordt door een set tandwielen of door stangen vertaald in roeruitslag.

Demping of handmatige aanpassing:

1. **Hulproer met V-vaan**: Hier zijn geen aanvullende maatregelen nodig aangezien de systeeminherente demping van een V-vaan voldoende is. De stuurkracht kan dus in een 1:1 verhouding worden overgebracht door kammen of tandwielen (Windpilot Atlantik/Caribik).

2. **Hulproer met H-vaan**: Hier is demping of handmatige aanpassing essentieel. De hoeveelheid roer die de windvaan geeft, is meer een functie van de windsterkte dan van de windhoek. Debroeruitslag kan dus overmatig groot zijn, met oversturing bij veel wind als gevolg. De roeruitslag kan handmatig worden aangepast en gereduceerd bij de overbrenging om de kracht van de H-vaan te beperken (Hydrovane)

3. **Trimvlak**: Hierbij is demping of handmatige aanpassing wenselijk, maar gecompliceerd omdat de signalen op nog een extra as, die verder weg staat, moet worden overgebracht: de as van het trimvlak. Maar de reactiekracht van het hulp- of hoofdroer waar het trimvlak aan is gemonteerd, verschaft in het algemeen al genoeg demping. Het is gemakkelijker om het systeem in te stellen als de signaaloverbrenging van de windvaan naar de drijfstang handmatig kan worden aangepast (BWS).

4. **Servo-pendulum systeem**: (zie gierdemping, hoofdstuk 5) Uitgebreide demping door een reductie toe te passen door middel van een set conische tandwielen in een verhouding van 2:1. Deze demping wordt automatisch genoemd omdat elke stuurimpuls de pendulumarm op een nauwkeurig bepaalde manier laat uitslaan, terwijl tegelijkertijd het pendulumroer weer parallel aan de langsscheepse as wordt gebracht (Aries, Monitor, Fleming, Windpilot Pacific). In dit opzicht zijn er in hoofdzaak twee benaderingen van het servo-pendulumontwerp:

? De conische tandwieloverbrenging over een segment, die slechts de vrij beperkte bewegingshoek hoeft de bestrijken tussen de twee geleidebuizen van de stuurlijnen aan weerszijden onderaan het systeem. Deze beperken de zijdelingse uitslag van de pendulumarm en maken het onmogelijk om deze uit het water op te halen (Aries, Monitor, Fleming)

? De conische tandwieloverbrenging over 360° - een volledige overbrenging waarbij de tandwielen over een draaihoek van 270° in elkaar grijpen. Hierdoor kan de pendulumarm zijwaarts uit het water worden gehaald (Windpilot Pacific). Bij alle belangrijke fabrikanten van servo-pendulumsystemen (Aries, Monitor, Windpilot Pacific) is conische tandwieloverbrenging in een verhouding van 2:1 nu standaard. De 2:1 overbrenging verdubbelt de kracht van de stuurimpuls door de windvaan en halveert de zijwaartse uitslag van de pendulumarm.

? Systemen waarbij andere mechanische oplossingen zijn toegepast om de beweging van het pendulumroer te controleren (Cap Horn, ATOMS)

? Systemen waarbij geen demping in de overbrenging plaatsvindt.

5. *Systemen met een dubbel roer*: Deze zijn gebaseerd op de demping van het servo-pendulumsysteem. Het zijn:
? Servo-pendulumsystemen met automatische gierdemping door conische tandwielen en door een achterwaartse helling van de roeras van het pendulumroer met 10°, in combinatie met de inherente demping van het hulproer (Windpilot Pacific Plus);
? Servo-pendulumsystemen waar de demping geschiedt door de roeras van het pendulumroer onder een achterwaartse hoek te brengen van 34°, in combinatie met de natuurlijke beperkte invloed van het hulproer (Steger/Sailomat 3040).

Demping aan het roer

1. *Hulproeren*: Deze sturen rechtstreeks en worden gedempt door de druk van het langsstromende water.

2. *Pendulumroer*: Als de roeras van het pendulumroer onder een achterwaartse hoek gemonteerd wordt, heeft dit in het water een dempeffect tot gevolg dat vergelijkbaar is met dat van een H-vaan in lucht. Een pendulumroer met een hellende as kan maar beperkt uitzwaaien voordat de waterkracht hem weer terug zal duwen.
De alternatieven zijn:
? De verticale as en conische tandwieloverbrenging (Aries, Monitor, Fleming);
? De as onder een hoek van 34° zonder conische tandwieloverbrenging. Bij deze systemen is het nodig om handmatig de eigenschappen van de signaaloverbrenging via een drijfstang vanaf de windvaan aan te passen, om de relatie tussen de stuurimpuls van de H-vaan en de zijdelingse uitslag van het pendulumroer goed te kunnen instellen (Sailomat 601);
? De conische tandwieloverbrenging met een as onder een achterwaartse hoek van 10° (Windpilot Pacific).

3. *Dubbel roer*: zie de voorgaande paragraaf

Een windvaanstuurinrichting met een goed uitgebalanceerde demping zal altijd precies de roeruitslag geven die nodig is en daardoor niet oversturen. De feedback tussen de stand van het hoofdroer en die van de windvaan zorgt ervoor dat de druk waarmee wordt gestuurd, alleen maar zal toenemen tot het moment, dat de vaan signalen afgeeft dat de boot reageert en weer op koers gaat liggen. Als de vaan weer rechtop komt te staan, houdt het pendulumroer op met stuurkracht uit te oefenen op het hoofdroer en gaat het weer naar zijn midscheepse positie.

Dit lijkt op papier misschien nogal ingewikkeld, maar het is gelukkig niet nodig om veel verstand van natuurkunde te hebben om op waarde te kunnen schatten hoe perfect een goed gedempte windvaan je boot zal sturen. Zo'n stuurvaan zal ook je zeiltrim voortdurend kritisch volgen – als die kennelijk nooit in de gecentreerde stand lijkt te komen en altijd naar één kant aan het werk is, kun je ervan opaan dat er iets is wat aandacht nodig heeft. Elke bemanning zal vroeg of laat gaan inzien dat het loont om deze aanwijzingen op te volgen: het bijstellen van de zeiltrim of de stand van het hoofdroer aanpassen om het pendulumroer te ontlasten brengt niet alleen je windvaan tot rust, maar bevordert ook de snelheid van je boot.

Een systeem met een conische tandwieloverbrenging trekt met geleidelijk toenemende kracht aan het hoofdroer totdat de feedback van de windvaan de pendulumarm weer in zijn centrale stand laat komen; oversturen is daarbij uitgesloten.

Een minder goed gedempte windvaanstuurinrichting vraagt een oplettende bemanning, vooral in veranderende of verslechterende weersomstandigheden. Het zelfstuursysteem heeft dan hulp nodig door vroegtijdig te reven en door het slingeren te beperken (stagzeilen). Velen met weinig kennis van de processen die in een servo-dynamisch stuursysteem optreden, vinden het moeilijk om met zo'n soort systeem te werken.

De verschillende systemen

Systemen met alleen een windvaan

De stuurimpuls en stuurkracht van de windvaan worden rechtstreeks met lijnen naar de helmstok overgebracht en er is geen servoroer of hulproer.

Stuurimpuls	=	wind
Stuurkracht	=	wind
Sturing door	=	hoofdroer
Hefboom (PL)	=	0 cm

Dit type systeem is oorspronkelijk voor modeljachten ontworpen. Het is niet erg efficiënt en het heeft te weinig kracht om een zeilboot onder alle omstandigheden te kunnen sturen.

Francis Chichesters eerste zelfstuurinrichting op Miranda had alleen een windvaan van 4 m2 en een contragewicht van 12 kg. Dit systeem was niet erg succesvol, zoals we al zagen, omdat het te weinig stuurkracht kan genereren om de helmstok goed in bedwang te kunnen houden.

Systemen met alleen een windvaan zijn alleen bruikbaar op kleine boten tot 6 m. als ondersteuning van de wind. Op ruime koersen en met een beetje zeegang heeft de vaan te weinig kracht.

Alleen een windvaan: QME, Nordsee I. Deze systemen zijn al jaren geleden uit de productie genomen. Ze worden hier alleen voor de volledigheid genoemd

Hulproersystemen

Hierbij wordt de boot gestuurd met een afzonderlijk hulproer, onafhankelijk van het hoofdroer. Een roerblad aan een vaste as wordt via een overbrenging rechtstreeks door de windvaan bewogen, en de windvaan houdt die corrigerende roeruitslag aan totdat de boot weer op de gewenste koers ligt.

Stuurimpuls	=	wind
Stuurkracht	=	wind
Sturing door	=	hulproer
Hefboom (PL)	=	0 cm.

Het hoofdroer wordt vastgezet en dient alleen voor het natrimmen van de koers. Het compenseert de loefgierigheid, waardoor het hulproer alleen maar de eigenlijke koerscorrecties hoeft uit te voeren. Hulproersystemen zijn alleen effectief als het oppervlak van het hoofdroer en dat van het hulproer zich verhouden als 3:1.

De stuurkracht van hulproersystemen is beperkt omdat er geen enkele servo-ondersteuning is en op grotere boten komen ze kracht te kort om effectief te kunnen sturen. De hulproersystemen NORDSEE en ATLANTIK van Windpilot zijn met succes gebruikt op boten tot 11 m. maar voor grotere boten waren ze alleen goed genoeg als stuurhulp. Om deze reden heeft Windpilot ze in 1985 uit de productie genomen en is op andere systemen overgeschakeld.

Het Hydrovane hulproersysteem werd aanbevolen voor boten tot 15 m. Maar voor daadwerkelijke 'effectieve sturing' lag deze grens waarschijnlijk wat lager omdat het systeem geen servo-ondersteuning heeft en de verhouding tussen hulproer en hoofdroer op een grotere boot nogal ongunstig zou zijn.

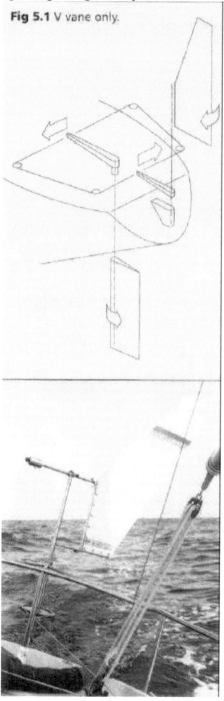

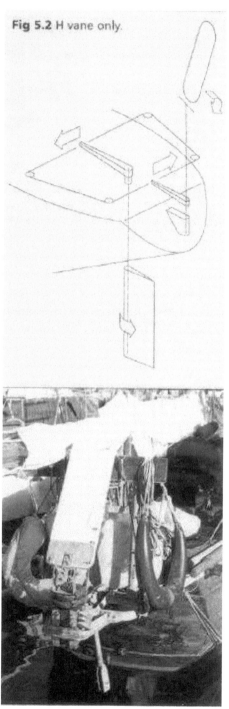

Alleen een V-vaan, aan boord van een 5m. Van de Stadt

Alleen een H-vaan, QME-windvaan. Deze dient meer als stuurhulp dan als volwaardig zelfstuursysteem

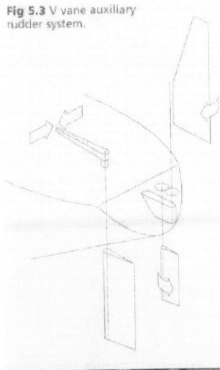

Fig 5.3 V vane auxiliary rudder system.

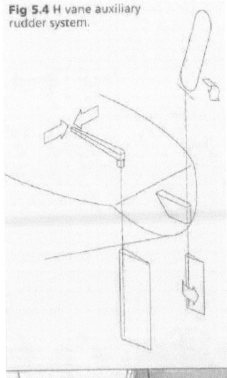

Fig 5.4 H vane auxiliary rudder system.

Dit Windpilot hulproersysteem is geschikt voor boten tot 11 meter.

Het Hydrovane hulproersysteem: de H-vaan geeft meer kracht dan de V-vaan van het Atlantik-systeem

Effectieve sturing

In de voorgaande paragraaf hebben we dit begrip al even genoemd. Het wordt hier gebruikt om aan te duiden of een windvaanbesturing een boot van een bepaalde lengte in werkelijk alle zeilomstandigheden betrouwbaar kan sturen dan wel slechts ondersteuning biedt tot een zekere windkracht, zeegang en binnen bepaalde schijnbare windhoeken. Het begrip is van belang om er de prestatie van een windvaanstuurinrichting mee aan te duiden; aan een stuursysteem dat zijn werk niet goed aankan, heeft niemand iets.

49

De waardering van een zelfstuursysteem moet uiteraard worden gezien tegen de achtergrond van het waarschijnlijke gebruik. Zo kan een systeem dat alleen aan de wind betrouwbaar is, heel acceptabel zijn voor de weekeind- en vakantiezeiler. De prioriteiten aan boord van oceaangaande jachten liggen anders: het is voor een kleine bemanning erg uitputtend om dagen achtereen met de hand te sturen en dit zal vaak tot een voortijdig einde van de reis leiden.

Categorieën hulproersystemen

Hulproer met V-vaan

De vaan van een hulproersysteem met een V-vaan (b.v. Atlantik) draait het roer rechtstreeks via een tandwieloverbrenging in een verhouding van 1:1. De dempingseigenschappen zijn goed. Dit type systeem is geschikt voor boten tot 11 meter.

Hulproer met H-vaan

Dit systeem (b.v. Hydrovane) heeft een minder effectieve demping dan een hulproersysteem met een V-vaan. Om dit op te lossen heeft de overbrenging drie standen, waarmee de mate van draaiing van het roer kan worden gereduceerd. Het stuurt echter veel effectiever dan een V-vaan en kan daardoor op grotere boten worden toegepast.

De overbrenging van de Hydrovane kan in drie standen worden gezet om betere demping te verkrijgen

De voordelen van hulproersystemen

Omdat het hulproer geheel onafhankelijk van het hoofdroer functioneert, is het tevens een effectief noodroer. Dit is een nuttige veiligheidsvoorziening, vooral op moderne vinkieljachten waar het balansroer niet wordt beschermd door een scheg. Het extra lateraal oppervlak van het hulproer helemaal achteraan de boot maakt niet alleen om de bewegingen van de boot in zeegang rustiger, maar verkleint ook de loefgierigheid.

De eenvoudige en stevige constructie van hulproersystemen maakt dat ze lang mee gaan. Ze kunnen eigenlijk alleen schade oplopen als de boot hard van achteren wordt geraakt – en zelfs dan is het een troost dat de reparatie van een stuurvaan veel minder kost dan die van de spiegel waar hij op zit!

Bediening:
?   Leg de boot op koers
?   Zet de helmstok vast

? Draai de vaan in de wind
? Koppel de vaan aan het hulproer
? Stel de koers bij met het hoofdroer.

De nadelen van hulproersystemen

Niemand heeft ooit op de kade het fraaie uiterlijk van zijn hulproersysteem staan te bejubelen. Dit soort systemen zijn groot en zwaar en het uiteinde van een boot – zeker van een kleine – is niet de ideale plaats om zo'n 30 tot 45 kg. aan extra gewicht te monteren.

De beperkte stuurkracht die je zonder servo-ondersteuning uit dit type systeem kunt halen is in de praktijk onvoldoende om grotere scheepslengten effectief te kunnen sturen (zie boven).

Als het hulproer niet in gebruik is, wordt het in het algemeen midscheeps vastgezet. Maar hier beperkt het de manoeuvreerbaarheid van de boot en maakt het de draaicirkel groter. Vreemd genoeg is dit nadeel voor sommigen een voordeel: het extra nat oppervlak achter het hoofdroer maakt boten met een lange kiel bij het achteruitvaren gevoeliger op het roer, omdat het de schroefwerking die de boot zijdelings uit de koers brengt, voor een deel compenseert.

De grote windvaan maakt een hulproersysteem op kits- en yawlgetuigde boten moeilijk toepasbaar.

De installatie

Een hulproersysteem kan in het midden van de spiegel worden gezet of uit het midden, bijvoorbeeld om ruimte te laten voor een zwemtrap. Zoals de Vikingen heel lang geleden al hebben ontdekt heeft plaatsing van het roer uit het midden maar heel weinig effect op de stuurprestatie. Het roer van hun vikingschepen zat altijd aan stuurboord en de roerganger stond met zijn rug naar bakboord te sturen.

In bepaalde zeeomstandigheden komen er aanzienlijke dwarskrachten op het hulproer, dus moet de bevestiging op de spiegel sterk en degelijk zijn. Bij traditionele overhangende spiegels moet het systeem onderaan van een V-vormige steun zijn voorzien. Bij een moderne positieve spiegel is een flens onder een hoek aan de onderkant voldoende.

Het hulproer moet tenminste 20 tot 30 cm. achter het hoofdroer zitten (dit kan op moderne boten met een open spiegel, waarbij het roer ver naar achteren is geplaatst, een probleem zijn). Als deze afstand korter is, hangt het hulproer in de turbulentie van het hoofdroer, waardoor het aan kracht inboet en waardoor de efficiëntie van het systeem te lijden heeft.

Plaatsing uit het midden naast een zwemtrap. Op Vikingschepen was het roer ook uit het midden geplaatst.

Plaatsing uit het midden bij boten met een aangehangen roer is alleen praktisch uitvoerbaar als de dwarsscheepse afstand tussen hoofdroer en hulproer tenminste 30 centimeter bedraagt.

Dit kan problemen geven bij het aan de wind zeilen omdat het hulproer bij helling over de ene boeg gedeeltelijk uit het water zal komen

Het zou beter zijn als dit systeem van BWS-Taurus met een V-vormige steun onderaan was gemonteerd

Plaatsing uit het midden naast een aangehangen roer. De minimale afstand tot het hoofdroer is 30 cm.

Hulproersystemen voldoen het beste op traditionele boten met lange kiel en een sterk overhangende spiegel. Het hulproer zit bij zulke boten zover achter het hoofdroer dat het nauwelijks turbulentie ondervindt, waardoor het maximaal kan presteren. Door de grote afstand tot het hoofdroer krijgt het tevens een aanzienlijke hefboomwerking.

Fabrikanten van hulproersystemen: Windpilot en Hydrovane.

Systemen met een trimvlak op het hulproer

De werking
De stuurimpuls van de windvaan wordt doorgegeven aan een trimvlak achteraan het hulproer. Als het trimvlak een uitslag krijgt naar één kant draait het de achterkant van het hulproer naar de tegenovergestelde kant. De beweging van het hulproer leidt tot de koerscorrectie. Het hoofdroer is vastgezet en wordt alleen gebruikt om na te trimmen, net als bij het eenvoudige hulproersysteem.

Stuurimpuls	=	wind
Stuurkracht	=	water
Sturing door	=	hulproer
Hefboom (PL)	=	ca. 20 cm

De trimvlakken zijn erg klein, gewoonlijk niet meer dan 20% van het oppervlak van het hulproer.

Het doorgeven aan het hulproer van de stuurimpuls van de windvaan via een trimvlak heeft twee voordelen:
1. Aangezien het trimvlak erg klein is, kan de windvaan ook klein zijn
2. De afstand tussen de as van het trimvlak en die van het hulproer genereert een servokracht die dit type stuursysteem krachtiger maakt dan een eenvoudig hulproersysteem. Het is te vergelijken met de manier waarop een klein trimvlak aan de

achterkant van een vliegtuigvleugel de hele flap kan aandrijven en daarmee het vliegtuig stuurt.

De lengte van de hefboom bepaalt de servokracht:
De afstand tussen de as van het hulproer en die van het trimvlak zorgt voor de hefboom die de servokracht opwekt. De afstand tussen de twee assen is gewoonlijk rond de 20 centimeter, dus het maximum haalbare servo-effect bij dit type systeem is relatief klein. Het servo-effect kan enigermate worden vergroot door het roer een zekere balans te geven, maar de maximaal haalbare stuurkracht zal nooit erg groot zijn omdat het trimvlak het hulproer niet meer dan rond 10% kan laten uitslaan.

Stuursystemen met een trimvlak vormen een belangrijke ontwikkeling in de evolutie van windvaanstuurinrichtingen. De vergroting, via toepassing van een trimvlak, van de kracht die door de windvaan wordt gegenereerd, betekende de eerste stap naar kleinere windvanen met meer stuurkracht. Heden ten dage is dit type achterhaald en zoals we zullen zien heeft de technologie van windvaanbesturing zich verder ontwikkeld.

Voor- en nadelen

Voordelen:

Kleinere windvaan maar wat meer stuurkracht. Functioneert onafhankelijk van het hoofdroer. Kan worden gebruikt als noodroer. Deze systemen hebben alle voordelen van de eenvoudige hulproersystemen.

Nadelen:

Groter en zwaarder dan de eenvoudige hulproersystemen. Een erg groot nadeel van deze systemen is, dat ze het manoeuvreren op de motor nog moeilijker maken. Een hulproer met een trimvlak is bijna niet vast te zetten, dus achteruitvaren op de motor is geen lolletje. Het is niet gemakkelijk om een gierdemping op dit soort systemen aan te brengen, dus de meeste zeilers doen het zonder.

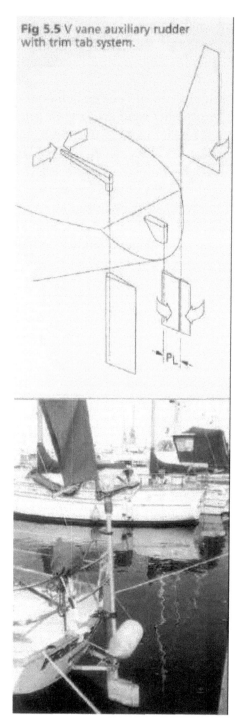

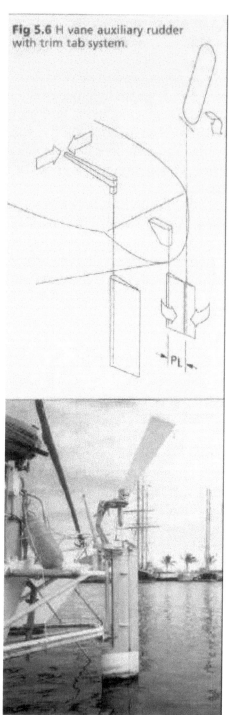

Een RVG V-vaan
hulproersysteem met trimvlak op
een polyester zeiljacht van 10
meter in Palma de Mallorca

Een Mustafa H-vaan
hulproersysteem met trimvlak –
de dinosaurus onder de
windvanen.

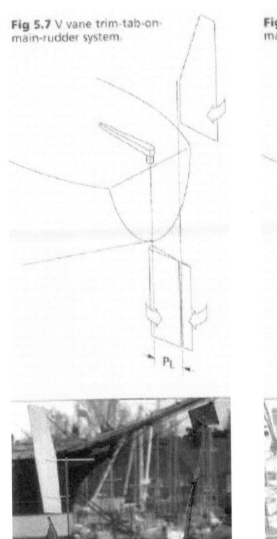

Fig 5.7 V vane trim-tab-on-main-rudder system.

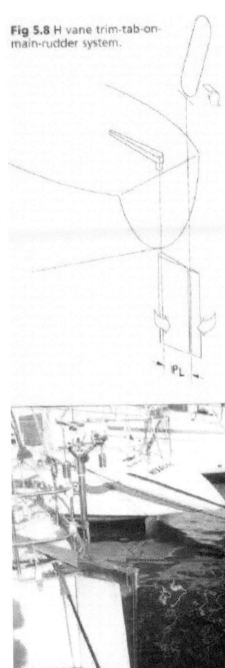

Fig 5.8 H vane trim-tab-on-main-rudder system.

Een systeem met V-vaan en trimvlak op het hoofdroer, op maat gemaakt voor een Olle Enderlein van 10m.

Een systeem met H-vaan en trimvlak op het hoofdroer. Een op maat gebouwde Windpilot Pacific voor een Deense Kaskelot.

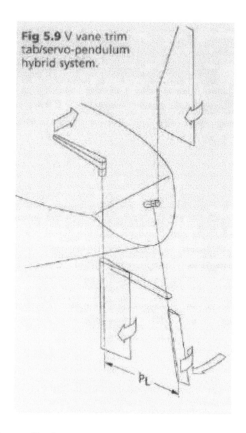

Fig 5.9 V vane trim tab/servo-pendulum hybrid system.

Fig 5.10 Saye's Rig V vane trim tab/servo-pendulum hybrid system; the longer lever gives extra power.

Installatie

Een hulproersysteem met trimvlak moet midscheeps op de spiegel worden geplaatst. Bij zeegang kan er een aanzienlijke belasting komen op zowel het systeem als de spiegel en de montage moet erg solide zijn om het flinke gewicht van de windvaan te dragen. Systemen met een V-vaan hebben veel ruimte nodig om te draaien, hetgeen ze minder geschikt maakt voor plaatsing op kitsgetuigde of yawlgetuigde jachten.

Fabrikanten van hulproersystemen met een trimvlak:
V-vaan: RVG
H-vaan: Autohelm, BWS Taurus, Mustafa.

Systemen met een trimvlak op het hoofdroer

De werking

Het trimvlak is achteraan het hoofdroer gemonteerd en stuurt dit rechtstreeks aan.

Stuurimpuls	=	wind
Stuurkracht	=	water
Sturing door	=	hoofdroer
Hefboom	=	30-50 cm

Dit systeem was erg populair in de begindagen van de windvaanzelfsturing, presteerde goed op boten met een lange kiel en aangehangen roer, en was geschikt voor zelfbouw. Bernhard Moitessier had een uiterst eenvoudige versie op de Joshua. Het trimvlak hing achter aan het hoofdroer en zat aan een verlengstuk van de as van de verticale windvaan.

56

Deze systemen hebben de neiging om te oversturen en hebben in het algemeen geen gierdemping. Ze werken dus alleen goed op een optimaal uitgebalanceerde boot. De trim moet zo goed als perfect zijn zodat de boot met maar kleine bewegingen kan worden gestuurd. Onder bepaalde omstandigheden kan dit betekenen dat er drastisch zeil moet worden geminderd om het zelfstuursysteem in staat te stellen de boot redelijk op koers te houden.

Het feit dat de meeste systemen van dit type geen gierdemping hebben, maakt ze moeilijk te hanteren. Zelfs in Frankrijk, waar altijd een grote aanhang van trimvlaksystemen was te vinden, is dan ook een tendens ontstaan in de richting van moderne servo-pendulumsystemen.

Het systeem met een trimvlak op het hoofdroer heeft een groot aantal nadelen: de gierdemping is een probleem, het trimvlak bemoeilijkt het manoeuvreren op de motor en massaproductie is vrijwel onmogelijk omdat de parameters van boot tot boot zo verschillen. In feite heeft elk type jacht zijn eigen unieke hoofdroer met zijn eigen helling van de roerkoning en mate van balans, en bij elk is een ander specifiek trimvlak nodig. Dit systeem zie je tegenwoordig nauwelijks meer.

Fabrikanten van systemen met trimvlak op het hoofdroer:
Atals, Auto-Steer, Hasler, Saye's Rig, Windpilot

De Saye's Rig is een samengesteld pendulum/trimvlak systeem waarbij de PL wordt vergroot door een uithouder die rechtstreeks op het hoofdroerblad is gemonteerd.

Servo-pendulumsystemen

Aangezien dit tegenwoordig het meest populaire systeem is, zullen we de volgende pagina's wijden aan een gedetailleerde beschouwing van de verschillende vormen ervan.

De werking

De windvaan draait via een overbrenging het roerblad dat aan een as zit die als een slinger (pendulum) heen en weer kan bewegen. Als het roerblad draait, krijgt het langsstromende water er vat op en drukt het zijwaarts naar buiten. De as waaraan het pendulumroer hangt, is via lijnen met de helmstok of het stuurwiel verbonden, zodanig dat de dwarsscheepse beweging van het roerblad wordt vertaald in een trekkracht op de helmstok of een kracht die het stuurwiel doet draaien, waardoor een koerscorrectie wordt uitgevoerd. Als de boot eenmaal weer op koers is, brengt de windvaan het pendulumroer terug in zijn langsscheepse stand.

Stuurimpuls	=	wind
Stuurkracht	=	water
Sturing door	=	het hoofdroer
Hefboom	=	tot 200 cm

Vergeleken met andere systemen heeft het servo-pendulumsysteem een enorme hefboom, die maatgevend is voor de aanzienlijke stuurkracht en servokrachten die het in staat is op te wekken.

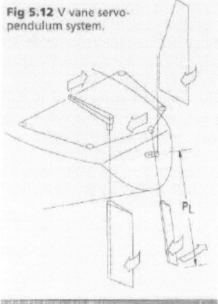

Fig 5.12 V vane servo-pendulum system.

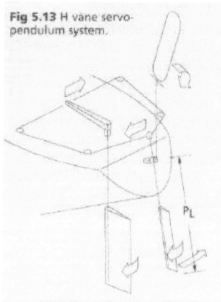

Fig 5.13 H vane servo-pendulum system.

Dit Windpilot Pacific V-vaan systeem MK I (1969) is van roestvrijstaal gemaakt.

Het traditionele Monitor servo-pendulumsysteem met H-vaan.

Het servoprincipe

Stel je voor dat je achterop je boot staat terwijl die een vaart van 6 knopen heeft en dat je een 2 meter lange plank in het water steekt. Als je de plank precies langsscheeps op de midscheepse lijn houdt kun je hem met twee vingers vasthouden. Maar als je hem iets draait, wordt hij meteen met kracht naar één kant getrokken (je schoudergewricht is het draaipunt van de pendulum-as).

Dankzij dit principe kan de hydrodynamische kracht van het langsstromende water worden benut om een trekkracht tot wel 300 kilo op te wekken. Op deze wijze kunnen grote zware boten nog prima door een servo-pendulumsysteem worden gestuurd: een grotere boot heeft niet alleen meer stuurkracht nodig, maar hij wekt door zijn grotere snelheid ook grotere hydrodynamische krachten op die het stuurmechaniek goed kan gebruiken.

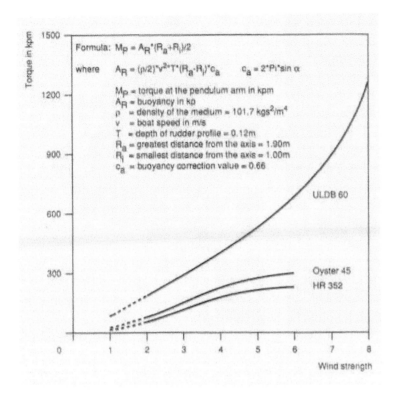

Formula: $M_p = A_R^*(R_a + R_i)/2$

where $A_R = (\rho/2)^*v^{2*}T^*(R_a \cdot R_i)^*c_a$ $\quad c_a = 2^*Pi^*\sin \alpha$

M_p = torque at the pendulum arm in kpm
A_R = buoyancy in kp
ρ = density of the medium = 101.7 kgs²/m⁴
v = boat speed in m/s
T = depth of rudder profile = 0.12m
R_a = greatest distance from the axis = 1.90m
R_i = smallest distance from the axis = 1.00m
c_a = buoyancy correction value = 0.66

ULDB 60

Oyster 45
HR 352

Wind strength

Fig 5.14 Deze figuur laat zien hoe het draaimoment op de pendulumarm op een boot met een grote waterverplaatsing op een gegeven moment aan zijn natuurlijke limiet komt, die wordt bepaald door de maximale snelheid van de boot. ULDB's (ultralight displacement boats: boten met een zeer kleine waterverplaatsing) kennen zo'n limiet niet omdat de snelheid van de boot tijdens surfen opeens sterk kan toenemen. De formule heeft hier betrekking op een Windpilot Pacificsysteem met een roerblad van 12 x 90 cm en een standaard PL van 190cm.

Gierdemping

Een zeiljacht zonder iemand aan het roer is van zichzelf onstabiel: het zal in de wind opdraaien totdat de zeilen gaan killen. Een zeiljacht met een roerganger, een stuurautomaat of een windvaan aan het roer is een stabiel systeem. Het verschil tussen deze beide toestanden kan heel klein zijn of heel sterk afhangen van de trim van de zeilen, de weersomstandigheden en de karaktereigenschappen van de boot. Soms kun je de boot met twee vingers aan het stuurwiel op koers houden, maar andere keren kan sturen heel inspannend zijn.

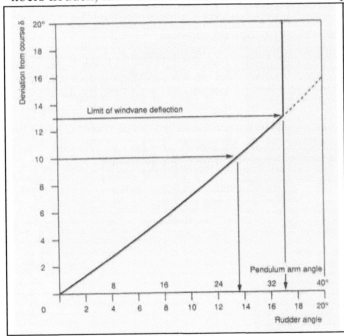

Limit of windvane deflection

Pendulum arm angle

Rudder angle

Fig 5.15 Windpilot Pacific: De roerhoek en de hoek van de pendulumarm als functie van de koersafwijking voor een H-vaan met een ashelling van 20°.
Een koersafwijking van 10° maakt dat de pendulumarm 27° uitzwaait, hetgeen het hoofdroer een maximale uitslag geeft van 13°. Het servo-pendulumsysteem geeft maar een kleine oversturing (10° afwijking, 13° uitslag van het hoofdroer). Dit verklaart de goede stuurprestaties van zulke systemen.

De enorme potentiële kracht van servo-pendulumsystemen is tevens hun voornaamste probleem: tenzij de kracht die op het hoofdroer wordt overgebracht op de één of andere manier gereguleerd kan worden, bestaat het gevaar dat de roerbewegingen te groot zijn of te lang aanhouden, en dat leidt tot oversturing.

59

Laten we eens kijken hoe een ervaren roerganger stuurt. Hij of zij weet dat er voor een koerscorrectie maar kleine roerbewegingen nodig zijn, en zal nooit met grote of krachtige bewegingen de helmstok hanteren. Plotselinge radicale roerbewegingen bemoeilijken de juiste inschatting van de eigenlijke koers van de boot en leiden daarom tot oversturing.

Bekijk ook eens het blad van een klapschroef (b.v. Max Prop), die in de vaanstand neutraal in het zog van de kiel staat. Als hij een mechanische impuls krijgt, begint hij eindeloos om de roeras te tollen en stopt daarmee pas als hij weer in de vaanstand wordt gezet. In deze vergelijking vertegenwoordigt het blad van de schroef het pendulumroer, de schroefas de as van het pendulumroer en de windvaan geeft de mechanische impuls.

Als de stuurimpuls van de windvaan rechtstreeks en zonder enige vorm van remming op het pendulumroer zou worden overgebracht, zou dit te ver uitzwaaien en waarschijnlijk zelfs uit het water komen, totdat de wind een tegengestelde stuurimpuls zou geven. Bij een dergelijke grote bewegingsvrijheid zouden er extreem lange lijnen nodig zijn om de correctie op het hoofdroer over te brengen en zou het roer een te grote uitslag krijgen en gaan oversturen. De gierdemping bij een servo-pendulumsysteem bestaat in feite uit een beperking van de dwarsscheepse uitslag van de pendulumarm. Dit kan met een uitgebalanceerd systeem van een gedempte windvaan in combinatie met een conische tandwieloverbrenging (kegelwielkoppeling) in de verhouding 2:1. Er is ook nog een tweede, meer kritische reden om de uitslag van de pendulumarm te beperken: de maximale hellingshoek van een zeiljacht ligt rond 30°, dus de maximaal mogelijke roeruitslag moet niet meer dan 28° zijn om te garanderen dat het gezamenlijke effect van de helling en een grote roerbeweging hem niet aan de loefkant uit het water laat komen. Het is duidelijk dat als je een servo-pendulumsysteem uit het midden zou plaatsen, dit probleem nog zou worden versterkt, waardoor de nuttige werkhoek nog verder zou worden ingeperkt. Dit is natuurlijk niet aan te raden (zie fig. 5.16). De meeste koerscorrecties houden een beweging van het pendulumroer naar loef in; deze beweging dwingt het hoofdroer naar lij – afvallen – hetgeen de meest gevraagde koerscorrectie is.

Door de stuurimpuls van de vaan zwaait de pendulumarm met maximaal 28° naar buiten. Iedere keer als de windvaan het pendulumroer laat draaien, wordt de pendulumarm naar één kant gedwongen, waarbij tegelijk het roer weer parallel aan de lengteas van het schip wordt gedraaid. Door deze opstelling hoeft de beweging van de stuurlijn maar maximaal 25 centimeter te zijn, en wordt bovendien oversturing effectief voorkomen.

Tegenwoordig zijn de beste servo-pendulumsystemen uitgerust met een horizontale vaan waarvan de as 20° helt (zie hoofdstuk 4), en een overbrenging via een set conische tandwielen in de verhouding 2:1. Aries, Monitor, PACIFIC en Fleming gebruiken in dit opzicht identieke constructies.

Een servo-pendulumsysteem met een conische tandwieloverbrenging zorgt voor perfect sturen en levert altijd precies de kracht die nodig is om de boot weer op koers te brengen. Als de zeiltrim wordt veronachtzaamd, genereert het systeem automatisch meer kracht op het hoofdroer, dat grotere bewegingen gaat maken.

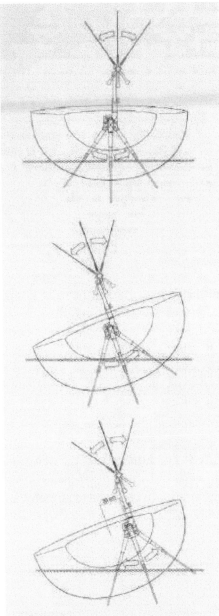

Fig 5.16 Working range of a servo-pendulum system with bevel gear linkage.
a) no incline – pendulum rudder in water
b) inclined – pendulum rudder in water
c) inclined, offset mounting – pendulum rudder lifts out of water

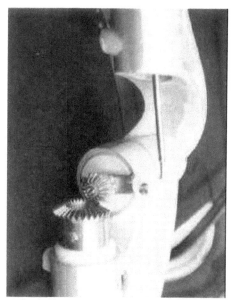

Een servo-pendulumsysteem zonder gierdemping eist veel van de bemanning, omdat het erg afhankelijk is van de balans, de zeiltrim en de karaktereigenschappen van de boot. Ook de wind en de zeeomstandigheden kunnen een onaanvaardbare verslechtering in de stuurprestatie oproepen.

Windpilot Pacific systeem met een 360° tandwieloverbrenging in de verhouding 2:1.

De drijfstang

De stuurimpuls van de windvaan wordt via een verticale drijfstang naar de koppeling overgebracht, waar, na versterking in de conische tandwieloverbrenging, deze de zijdelingse uitslag van het pendulumroer bepaalt. De krachten die hier optreden zijn over het algemeen heel gematigd en het is essentieel dat de impuls gevoelig is, tijdig en zelfs bij licht weer betrouwbaar. In het verleden hebben fabrikanten de neiging gehad om de krachten op de drijfstang aanzienlijk te overschatten, waardoor deze vaak te zwaar werd uitgevoerd. Aries gebruikt een zware gegoten drijfstang die meer dan een kilo weegt, en hetzelfde onderdeel bij Monitor weegt 450 gram. De modernere Windpilot Pacific doet het met een 8 x 1 mm. stalen buis die slechts 143 gram weegt en die de afgelopen twaalf jaar op duizenden boten sterk genoeg is gebleken. Het is niet vreemd dat twee zulke verschillende ontwerpen sterk in stuurprestatie verschillen.

Onthoud: de drijfstang is één van de factoren die de lichtweereigenschappen van het stuursysteem bepaalt; hij moet altijd zo licht mogelijk zijn en niet sterker dan strikt nodig.

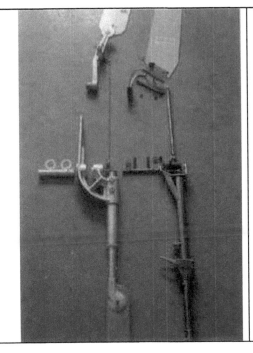

De Windpilot Pacific (links) en de Monitor zijn identiek van ontwerp, maar vertonen aanzienlijke verschillen in de afmetingen van de drijfstang, de pendulumas en de ophanging van de pendulum.

De overbrenging van de stuurkracht

De door het pendulumroer opgewekte kracht wordt via lijnen naar de boot overgebracht. In een conventioneel systeem zoals Aries zitten de stuurlijnen aan de pendulumarm zelf en wel onderaan de constructie. Van daaruit worden de beide lijnen (één aan elke kant) elk via drie blokken naar dekniveau geleid, waar ze via nog twee blokken naar de helmstok of het stuurwiel lopen. Deze systemen hebben dus 10 blokken en lange stuurlijnen nodig. Daarentegen loopt bij moderne ontwerpen de pendulumarm naar boven toe door, waardoor de stuurlijnen op dekniveau kunnen aangrijpen. Het aantal benodigde blokken wordt hierdoor teruggebracht van 10 naar slechts 4, en de stuurlijnen kunnen daardoor ook veel korter zijn. Bij de moderne systemen moeten de stuurlijnen zorgvuldig evenwijdig aan de spiegel worden geleid. Er mag wel enige afwijking zijn, maar de lijnvoering wordt minder effectief als de hoek te ongunstig wordt, vooral bij grotere boten.

Zo lopen de stuurlijnen bij een spitsgatjacht

Om toepassing van dit type systeem op spitsgatters of jachten met een extreme 'sugarscoop'- spiegel mogelijk te maken heeft Windpilot een dwarsstang met aan weerszijden bevestgingspunten voor de stuurlijnen. De Sailomat 601 heeft deze optie niet.

Een korte lijnvoering naar de helmstok bij de Windpilot Pacific. De stuurlijnen grijpen op dekniveau aan.

Een servo-pendulumsysteem werkt alleen goed als de kracht van het systeem soepel op het hoofdroer wordt overgebracht. Als de lengte van de lijnen kort kan worden gehouden en over weinig schijven hoeft te lopen, worden betere stuurresultaten verkregen. Anders gezegd: hoe langer de stuurlijnen, hoe groter de verliezen in de overbrenging zullen zijn. Slappe of rekkende lijnen en een hoofdroer dat niet soepel werkt, schaden de efficiëntie van het systeem. Een servo-pendulumsysteem is zo goed als de kwaliteit van de overbrenging.

De geleiding van de stuurlijnen

Bij een servo-pendulumsysteem is bij de maximale uitslag van het systeem de hoeveelheid lijn die door de stuurlijnblokken loopt slechts ongeveer 25 centimeter. Bij een combinatie van ondoelmatige overbrenging, speling, rekkende of te lange lijnen is het niet ondenkbaar dat de maximale doorloop van de stuurlijnen tot maar 10 centimeter terug kan lopen. Een systeem waarbij dit het geval is zal bij de eerste de beste gelegenheid zijn zwakte laten blijken; vroeg of laat zal het roer zijn controle verliezen.

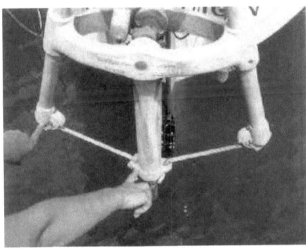

Een goed servo-pendulumsysteem kan wel 150 kg. stuurkracht genereren – genoeg om met gemak alle schepen tot 60 voet op koers te kunnen houden. In feite is de sleutel tot goede stuurprestaties van een servo-pendulumsysteem heel simpel: de kwaliteit van het geheel van de overbrengingen.

Bij een Aries hebben de stuurlijnen een doorloop van 25 centimeter door de blokken, evenals bij een Monitor en een Windpilot Pacific.

Tip: de effectieve doorloop van de stuurlijnen en daarmee de grootte van de corrigerende roerbewegingen die het systeem kan maken kan worden vergroot door de midscheepse stand van de windvaan meer naar lij te verplaatsen (wat eenvoudig kan worden bereikt door de bevestiging op de helmstok of de wieladapter bij te stellen). Deze methode berust op het feit dat bijna alle koerscorrecties van de windvaan gericht zijn op afvallen. In extreme omstandigheden kan dit de enige manier zijn om voldoende roeruitslag te krijgen.

De overbrenging op de helmstok

Voor de overbrenging van de stuurkracht is een helmstok het meest ideaal. Bij een achterkuip kan de lijnvoering kort worden gehouden en kan het bevestigingspunt van de stuurlijnen verplaatsbaar worden gemaakt of zelfs, zoals op sommige snelle lichte boten, op een rail worden gemonteerd. De stuurlijnen worden bij voorkeur op de helmstok bevestigd met een stukje ketting, waarvan één schalm tussen twee tanden van het beslag op de helmstok valt. Bij sommige systemen worden de lijnen met lijnklemmen op de helmstok bevestigd, maar dit is niet erg praktisch.

Het helmstokbeslag zit op ongeveer drie vijfde van de lengte van de helmstok, dat wil zeggen iets achter het gedeelte dat je normaliter tijdens het sturen vasthoudt. De loop van de lijnen vanuit de blokken aan weerskanten van de kuip heeft naar achteren toe een kleine hoek om zo de draaicirkel van de helmstok te kunnen volgen. Dit heeft als voordeel dat de lijnen altijd onder de juiste spanning komen als de ketting in het helmstokbeslag wordt gelegd en het systeem in werking wordt gesteld

Het helmstokbeslag en de ketting
bij de Windpilot Pacific

Voor de stuurlijnen moet voorgerekte lijn worden gebruikt. Ze moeten niet té strak worden afgesteld aangezien dit overmatige wrijving in de lagering van de blokken veroorzaakt en het de efficiëntie van de stuurkrachtoverbrenging naar de helmstok schaadt. Wrijving in de lagering kan worden voorkomen door kogelgelagerde blokken voor de stuurlijnen te gebruiken. Andere factoren die de efficiëntie van de overbrenging negatief beïnvloeden zijn een teveel aan geleideblokken, rekkende of veel te lange stuurlijnen en een hoofdroer dat zwaar loopt.

Gevlochten voorgerekte 8 mm lijn is uitermate geschikt voor stuurlijnen. De breeksterkte ligt ruim boven de belasting waaraan de lijnen in feite worden blootgesteld, dus de rek is minimaal. Het is een goed idee om tijdens langere reizen op gezette tijden de lijnen om te keren zodat de slijtage van blokken en dergelijke niet steeds op dezelfde plekken plaats vindt.

Natrimmen bij helmstokbesturing

Bij bevestiging van de stuurlijnen aan de helmstok met een stukje ketting is het mogelijk om, terwijl de stuurvaan in werking staat, de koers van de boot na te trimmen. Ook kan de bemanning, als dat nodig is, de stuurvaan in een oogwenk uitschakelen (bijvoorbeeld voor een noodmanoeuvre). Zodra de ketting van de helmstok wordt afgehaald, heeft de stuurvaan geen invloed meer op de besturing en sleept hij als een gehoorzame hond achter de boot aan. Omdat het systeem geen enkele invloed heeft op het roer, is het ook niet nodig om de windvaan te verwijderen.

Overbrenging op mechanische wielbesturing

De stuurkrachtoverbrenging op een stuurwiel is wat minder efficiënt omdat de weg – van de stuurvaan naar het wiel en van daar via het stuursysteem naar het roerkwadrant en het roer zelf – langer is. Het is duidelijk dat de verliezen door de overbrenging groter zijn, waardoor de effectieve doorloop van de lijnen (25 centimeter) korter wordt. Tegenwoordig heeft praktisch elke boot langer dan 11 meter wielbesturing. De reden hiervoor is dat het hoofdroer te groot is om gemakkelijk door de roerganger te worden bediend zonder een vorm van vertraging. Overigens hebben veel boten een stuurwiel omdat dat mode is. Een stuurwiel neemt meer ruimte in de kuip in beslag en veel boten met een stuurwiel zouden beter een helmstok kunnen hebben.

Een moderne wielbesturing brengt de stuurkracht mechanisch over op het roerkwadrant door middel van morsekabels. Het gemiddelde stuurwiel heeft een diameter van ongeveer 60 centimeter en gaat in ongeveer 2,5 omwentelingen van boord naar boord. Bijna alle fabrikanten van servo-pendulumsystemen ontwerpen hun stuurwieladapters op deze standaard. Stuurwieladapters zijn, enkele uitzonderingen daargelaten, ongeveer 16 centimeter in diameter en hebben dus een omtrek van ongeveer 53 centimeter.

Hieruit volgt dat onder de meest volmaakte omstandigheden, zonder enig verlies, een stuurlijndoorloop van 25 centimeter overeenkomt met iets minder dan een halve omwenteling van het stuurwiel.

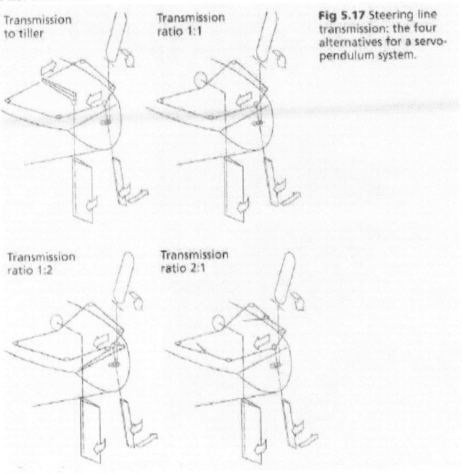

Overbrenging met stuurlijnen: de vier mogelijkheden voor een servo-pendulumsysteem

Alle stuurwielen zijn ontworpen op dezelfde input van stuurkracht door de roerganger. Dit betekent dat een stuurwiel met een grotere diameter gewoonlijk in minder omwentelingen het roer van boord tot boord brengt. Een wieladapter op een stuurwiel met een grotere diameter moet dus meer kracht uitoefenen met minder lijndoorloop.

Er zijn in hoofdzaak drie manieren waarop de kracht van een servo-pendulumsysteem op een stuurwiel kan worden overgebracht. De stuurlijnen kunnen als volgt worden gevoerd:

? Direct, d.w.z. 1:1
? Met een voorloop, d.w.z. twee keer zoveel lijndoorloop voor half zoveel kracht.
? Met een takel, d.w.z. half zoveel lijndoorloop voor twee keer zoveel kracht

Mits goed opgetuigd geven al deze drie verschillende manieren een adequate stuurprestatie. Niettemin kan er geen enkele tippen aan de kwaliteit van de overbrenging die bereikt kan worden met een helmstok in combinatie met een verstelbaar bevestigingspunt, waarbij de weg en de verhouding van de overbrenging zoveel gunstiger is.

Windpilot heeft in 1997 op zijn Pacific model een traploze instelmogelijkheid voor de krachtoverbrenging geïntroduceerd. Deze geeft dezelfde instelmogelijkheid als een helmstok.

Tip: Als je de beide stuurlijnen langs dezelfde kant van de kuip naar de wieladapter voert, houd je daarmee de toegang naar het wiel aan de andere kant vrij. De vier lijnen in de kuip (twee die vanaf de stuurvaan komen en twee om deze met de wieladapter te verbinden) kunnen in deze lijnvoering gemakkelijk worden verward, dus de stellen die bij elkaar horen, moeten duidelijk worden gemerkt. Het is ook handig om vier snaphaken te gebruiken om de lijnen mee te vast te maken.

Bij deze lijnvoering kunnen speling en rek gemakkelijk worden gecompenseerd door een extra keerblok op een van de lijnen te zetten en dit omhoog, omlaag of naar één kant te trekken om de stuurlijnen op spanning te brengen. Als het extra blok wordt teruggevierd komt de speling terug en kunnen de snaphaken waarmee de stuurlijnen aan de wieladapter vastzitten gemakkelijk worden geopend.

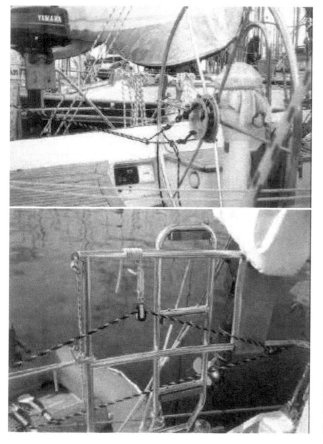

Stuurlijnen langs één kant van de kuip. Verbinding met snaphaken. De stuurlijnen kunnen gemakkelijk op spanning worden gebracht met een extra blok

De stuurlijnen kunnen met een extra blok gemakkelijk strakker worden gezet.

De factoren die bij helmstokbesturing afbreuk kunnen doen aan een efficiënte overbrenging, zijn ook van toepassing bij wielbesturing. Tekortkomingen in het roersysteem van de boot zelf (een zwaar lopend roer, speling, slechte overbrenging) kunnen de efficiëntie nog verder terugbrengen, zodat niet alle oorspronkelijke 25 centimeter doorloop van de stuurlijnen (zie Doorloop van de stuurlijnen) uiteindelijk beschikbaar is om het hoofdroer te bewegen en de boot te sturen.

De Windpilot Pacific (model 1998)
heeft een traploze
stuurkrachtinstelling.

De instelling van de wieladapter

De meeste stuurwieladapters komen neer op het zelfde basisontwerp. De diverse modellen verschillen echter aanzienlijk in hun technische uitvoering, zoals we hieronder zullen zien:

1. De vaste trommel – geen instelmogelijkheid (Sailomat, Cap Horn) Om na te trimmen moeten beide stuurlijnen van de adapter worden gehaald om te worden ingekort of verlengd. Dit is geen simpele procedure en daarom wordt het natrimmen vaak verwaarloosd, hetgeen leidt tot minder efficiënt zeilen. Voor deze manier van afstellen moeten de lijnen langer zijn en zijn er misschien meer keerblokken nodig.

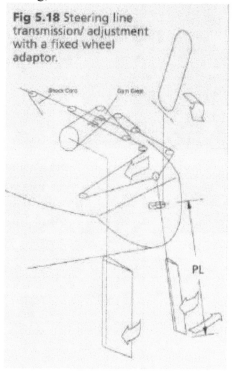

Fig 5.18 Steering line transmission/ adjustment with a fixed wheel adaptor.

2. Adapter met stelrail (Monitor). Een verende pin valt in een gat in de rail en houdt daardoor de trommel in de gewenste positie. Natrimmen door de pin uit te trekken, de trommel te draaien totdat de pin in het gat valt dat correspondeert met de gewenste positie van de trommel.

3. Tandwieladapter (Aries). De adapter zit op een fijn tandwiel en wordt met behulp van een pal vastgezet of losgegooid. Voor het natrimmen moet hij worden losgegooid.

Lijnvoering en afstelling bij een vaste wieladapter

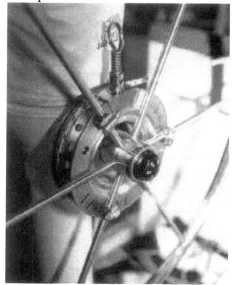

4. Traploos instelbare adapter met remschijf (Windpilot Pacific). De adapter is gemonteerd op een schijf waarop hij kan draaien en waarop hij met een rem kan worden vastgezet. De rem moet niet vaster worden aangedraaid dan nodig om de adapter op zijn plaats te houden. Daardoor kan hij bij overbelasting, bijvoorbeeld in een plotselinge bui, slippen en daardoor schade aan de overbrengingsonderdelen voorkomen. Dit type adapter is heel eenvoudig af

te stellen. De rem hoeft alleen maar
iets te worden losgedraaid terwijl het
wiel in een andere stand wordt gezet.

Drie stuurwieladapters (van boven naar
beneden): Monitor, Aries en Windpilot.

Het monteren van een stuurwieladapter kan problemen opleveren als er al een stuurautomaat
op het stuurwiel zit.

Drie stuurwieladapters (van links naar
rechts): Aries, Monitor en Windpilot.

Overbrenging naar een noodhelmstok
Op vrijwel alle boten met een stuurwiel is het mogelijk om een noodhelmstok te monteren,
om ook in het geval van problemen met de wielbesturing nog te kunnen sturen. Probeer maar
niet om de overbrenging efficiënter te maken door de stuurvaan simpelweg met de
noodhelmstok te verbinden! Dat zal niet werken, omdat met de helmstok het hele
stuurmechanisme meedraait. Dit heeft hetzelfde effect als wanneer je zou proberen om het
stuurwiel van een auto te draaien door zittend op straat vóór de auto aan de voorwielen te
trekken. De voordelen van een helmstok heb je alleen als je het stuurmechanisme geheel
loskoppelt van het roerkwadrant. Dit is niet praktisch voor weekendtripjes en vakantiezeilen,
maar het is wel een realistische optie voor oceaanzeilen. Tijdens een lange reis doet de
stuurvaan toch het meeste stuurwerk, dus is het niet kunnen gebruiken van het stuurwiel maar

71

een kleine opoffering voor de voordelen van directe overbrenging op de helmstok. Deze oplossing is alleen geschikt onder de volgende voorwaarden:

1. De noodhelmstok moet lang genoeg zijn om handmatig te kunnen sturen.
2. De roerganger moet gemakkelijk bij de noodhelmstok kunnen; onder geen beding mag de noodhelmstok buiten de kuip aan dek zijn geplaatst.
3. De noodhelmstok moet goed en zonder speling op de roerkoning zijn bevestigd.

Als je bezig bent met plannen voor een nieuwe boot kan een goede overbrenging naar de noodhelmstok in het ontwerp worden meegenomen (zie *Een nieuwe boot bouwen*).

Overbrenging op een hydraulische besturing

Hydraulische besturing wordt toegepast op boten waar de krachten op het roer te groot zijn voor mechanische besturing of waar omwille van comfort vanaf meer roerstanden kan worden gestuurd. De overbrenging van stuurkracht via een systeem van hydraulische pompen en cilinders is altijd indirect. Om het roer van boord naar boord te draaien, zijn altijd veel meer omwentelingen van het stuurwiel nodig dan bij een mechanisch systeem, en dit is één van de redenen waarom een servo-pendulumsysteem niet erg geschikt is voor hydraulisch bestuurde boten. De tweede reden is dat er altijd een zekere mate van speling in de meeste hydraulische systemen optreedt, veroorzaakt door olielekkage uit slechte afdichtingen (bijvoorbeeld rond pakkingen). Voor een servo-pendulumsysteem moet de midscheepse roerstand altijd hetzelfde zijn en dat is bij hydraulische besturing zelden het geval.

Overbrenging op een noodhelmstok

Deze verleidelijke oplossing is alleen uitvoerbaar als het hele hydraulische systeem, inclusief de hydraulische hoofdcilinder, van het kwadrant is losgekoppeld. Als dit niet het geval is, zal de noodhelmstok proberen de hydraulische besturing in omgekeerde richting te bewegen (zoals we al bij mechanische wielbesturing hebben besproken).

De belangrijkste bron van weerstand in het besturingssysteem is altijd de hoofdcilinder, zodat de installatie van een omleidingklep niets zal oplossen. Het is uiteindelijk beter om de hele hydrauliek gewoon af te koppelen, en zo de servo-pendulumvaan in staat te stellen om goed te sturen, dan de hele reis handmatig te sturen of met allerlei andere oplossingen te experimenteren.

Bescherming tegen overbelasting
A In de overbrenging

De stuurlijnen van een servo-pendulumvaan moeten altijd uit voorgerekt touw bestaan en ze moeten een diameter hebben van tenminste 6mm. Of, nog beter, 8 mm. Zulke lijnen hebben een breeksterkte die ruim uitgaat boven de te verwachten maximale stuurkrachten (300 kg.) en zullen dus tijdens het gebruik nauwelijks rekken.

Bij plotseling uit het roer lopen of tijdens een onverwachte vlaag zal de servo-pendulumvaan maximale kracht op zijn stuurlijnen en het hoofdroer uitoefenen. De kracht op de stuurlijnen kan dan zo groot zijn dat de scepters of de achterpreekstoel waaraan de keerblokken van de stuurlijnen zijn bevestigd, worden verbogen. Een goede veiligheidsmaatregel is, om aan elke kant één van de blokken met alleen maar een lijntje aan de voetrail vast te zetten, dat bij overbelasting zal breken en daardoor meer schade zal voorkomen.

B In de schacht van het roer

Vaak blijft aan het roerblad van een servo-pendulumvaan dat door het water sleept wier, visnetten en allerlei drijvend materiaal hangen, en daarom is bescherming tegen overbelasting heel belangrijk. Dit wordt op de volgende manieren opgelost:

1. Tussen de roerschacht en de pendulumarm is een speciaal breekpunt ingebouwd in de vorm van een buis met inkepingen (ARIES). Het is moeilijk om vast te stellen wat de breekparameters zijn: de totale hefboomkracht die door het roer wordt uitgeoefend kan erg groot zijn, dus je weet niet precies wanneer het breekpunt het zal begeven en wanneer de hele stuurvaan uit zijn steunen zal worden gerukt. Het pendulumroer moet met een veiligheidslijn aan één van de steunen worden vastgemaakt zodat je het niet verliest als de schacht breekt.

2. De verbinding tussen het roerblad en de schacht wordt beveiligd door een geveerde haak die openspringt als het blad iets raakt (MONITOR). Dit ontwerp beschermt zowel het roerblad als de bevestiging op effectieve wijze tegen aanvaringsschade.

3. Een rubberen band houdt het roerblad in het gevorkte uiteinde van de schacht (CAP HORN), of het zit met een breekpen vast (ATOMS), die het begeeft als er overbelasting op het roerblad komt.

4. Het roerblad wordt tegen opdrijven vastgezet met M8 bouten (SAILOMAT 601). In de praktijk is de kracht die nodig is om een M8 bout te breken te groot om schade aan de bevestiging van de vaan de voorkomen.

1. Het roerblad wordt door middel van frictie vastgezet in een vork met een groot oppervlak. Zolang de bout die de vork dicht klemt niet te strak wordt aangedraaid kan het roer naar voren of naar achteren opdraaien in geval van een aanvaring (WINDPILOT PACIFIC). In dit ontwerp moet zorgvuldig aandacht worden besteed aan de stand van het roerblad om te zorgen dat het goed is uitgebalanceerd. Subtiele veranderingen in de balans vergroten of verminderen de gevoeligheid van de stuurvaan.

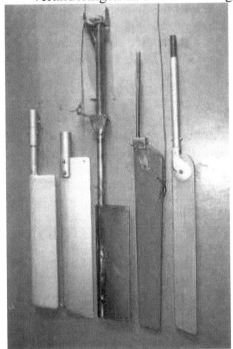

Bescherming tegen overbelasting (van links naar rechts): Aries, Sailomat. Monitor, Windpilot Pacific (oud), Windpilot (nieuw).

73

Tip:Het roerblad van een servo-pendulumvaan moet pas als de boot op snelheid is, dat wil zeggen als het systeem zijn maximale kracht moet leveren, geheel onder water zijn. Dit betekent dat als de boot stilligt het bovenste deel van het roerblad enigszins uit het water moet steken. De hekgolf van sommige boten, zeker van die met een wat meer traditioneel achterschip, kan verbazend hoog zijn. Daarom verschilt de mate waarin het roer bij stilliggen uit het water steekt van boot tot boot. Als het roerblad te diep in het water steekt, zal de roerschacht door het water slepen waardoor onnodige turbulentie optreedt die slecht is voor de snelheid. Je kunt dit gemakkelijk voorkomen door het systeem hoger op de spiegel te monteren, hetgeen ook de werking van de windvaan zal verbeteren.

De Windpilot Pacific snijdt moeiteloos door het water en veroorzaakt nauwelijks turbulentie.

Het pendulumroer: materiaal, drijfvermogen, vorm en balans

Een pendulumroer moet uiterst gevoelig reageren op elk stuursignaal van de windvaan. De gevoeligheid van de stuurvaan wordt verbeterd door balans aan te brengen in het ontwerp van de roerschacht en door het roerblad drijfvermogen te geven. Ook moeten de schacht en het roer zo licht mogelijk worden uitgevoerd. De krachten op een pendulumroer en zijn schacht zijn voor het merendeel maar matig; op hun beschutte plek aan de spiegel zijn ze zelfs voor flinke golven redelijk veilig. Niettemin stelt de kracht die door het pendulumroer wordt opgewekt hoge eisen aan de as waar de pendulumarm om draait. Dit is te zien aan de zichtbaar zwaardere constructie die in moderne systemen wordt toegepast (Sailomat 601, Windpilot Pacific). De pendulumarm in de gangbare servo-pendulumsystemen heeft de volgende afmetingen:

Aries	25 mm
Monitor	22 mm
Sailomat	40 mm
Windpilot Pacific	40 mm

En de volgende materiaaldikte voor de schacht van het pendulumroer:

Aries STD	Aluminiumbuis 38 x 6,5 mm
Monitor	RVSbuis 41,3 x 1,25 mm
Sailomat 601	Aluminiumbuis 60 x 6 mm
Windpilot Pacific	Aluminiumbuis 50 x 5 mm

Het pendulumroer hoeft geen profiel te hebben omdat zijn maximale aanstroomhoek uiterst klein is. Steeds als de windvaan het roerblad doet draaien en de aanstroomhoek groter wordt, zwaait het blad zijdelings uit waardoor de hoek weer verwaarloosbaar klein wordt. De aanstroomhoek, die een functie is van de vereiste roerdruk (om de boot weer op koers te brengen) is nooit groter dan 3 - 5°. Zulke kleine waarden beletten in feite splitsing van de stroom, en in geval van nood kan zelfs een simpele houten lat dienst doen als pendulumroer, mits die uiteraard aan de schacht kan worden bevestigd (geen probleem bij de gevorkte schacht van de Sailomat 601 en de Windpilot Pacific).

De balansverhoudingen van het pendulumroer zijn rechtstreeks van invloed op de gevoeligheid van het hele systeem. Als de stuurvaan bijvoorbeeld in licht weer goed moet sturen, moet zelfs een zwak stuursignaal leiden tot een uitslag of draaiing van het pendulumroer. Een pendulumroer met een grote of variabele balansverhouding is vanzelfsprekend gemakkelijker te draaien dan één zonder enige balans.

Uiteindelijk wordt de stuurprestatie bepaald door het gezamenlijke effect van alle verschillende parameters die bij de werking van een windvaanstuurinrichting optreden. Er is veel testen voor nodig om iedere parameter afzonderlijk te verfijnen, dus het is dan ook niet verwonderlijk dat de voornaamste fabrikanten in dit opzicht hun eigen weg gaan.

De roerprofielen (breedte en diepte van het profiel) en de balansverhoudingen van de meest gangbare servo-pendulumsystemen zijn als volgt:

Type	profiel	balansverhouding	Materiaal
Aries STD	170 x 50 mm	19,4%	Drijvend; schuim
Monitor	170 x 48 mm	20%	Drijvend; schuim
Sailomat 601	170 x 25 mm	20,6%	Niet drijvend; aluminium
Windpilot Pacific	120 x 19 mm	22,5%	Drijvend; hout

De windvaan instellen naar de windrichting

V-vaan

De procedure is dezelfde als die voor een hulproer met V-vaan. De windvaan kan helemaal van het systeem worden losgekoppeld zodat hij vrij in de wind draait. Als hij eenmaal ingesteld en gekoppeld is, kan de stuurvaan traploos worden fijngetrimd door middel van een wormwiel. De V-vaan kan in zijn houder worden in- en uitgeschoven voor de diverse windsterktes op dezelfde manier als bij het hulproersysteem.

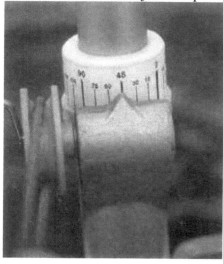

Op de Windpilot Pacific is de oneindige afstandsbediening met zijn schaalverdeling in graden gemakkelijk af te lezen

H-vaan

H-vaan

Er zijn vier verschillende benaderingen:
1. Met de hand: De klem wordt losgedraaid, de vaan met de hand in de juiste stand gezet, en de klem wordt weer aangedraaid (Sailomat). Deze methode houdt in dat een bemanningslid helemaal naar achteren moet, hetgeen bezwaarlijk kan zijn en 's nachts zelfs gevaarlijk. Er is geen schaal waarop de stand van de vaan ten opzichte van de wind kan worden afgelezen.
2. Tandwiel en ketting: De vaan wordt door middel van een tandwiel met een soort fietsketting in de goede stand gezet. Deze methode maakt een traploze instelling mogelijk en met wat aanpassing ook afstandsbediening (Monitor). Ook hier is er geen schaal.
3. Tandwiel met pal: De vaan wordt ingesteld door een tandwiel in de juiste positie te draaien en te fixeren met een pal (Aries). Het wiel draait in stappen van 6°, hetgeen aan de wind vaak te grof is, en het systeem is zwaar en onhandig in het gebruik.
4. Wormwiel: de houder van de vaan kan traploos in de goede stand worden gezet met behulp van een wormwiel (Windpilot Pacific).Dit systeem is handig in het gebruik en geschikt voor afstandsbediening. Een bijkomend voordeel van een wormwiel is dat er een schaalverdeling kan worden aangebracht waarop je de hoek van de vaan met de wind kunt aflezen, waardoor het gemakkelijker is om de koers te bepalen.

Zoals reeds uitgelegd in het gedeelte over de H-vaan kan de vaan voor verschillende windsterkten worden aangepast. Afstandsbediening is niet alleen handig maar ook veilig – niemand vindt het leuk om voor een koerswijziging midden in de nacht achterop een boot te moeten hangen..

Installatiegemak

voor conventionele servo-pendulumsystemen moeten de steunen vaak speciaal worden gemaakt

De installatie van een servo-pendulumvaan is een hele klus. De grootste moeilijkheid is, dat gezien de grote variatie in spiegels, voor de meeste boten de bevestigingsonderdelen speciaal gemaakt moeten worden. Dit bezorgt menige doe-het-zelf-schipper flinke hoofdbrekens.

Bij een aangehangen roer of bij een spiegel met een grote sugarscoop heb je weinig aan de klassieke manier van bevestigen van een traditionele Aries of Monitor. Een ingewikkelde en zware buisconstructie is dan het enige antwoord, hoewel de eigenlijke krachten waaraan de spiegelbevestiging van een servo-pendulumvaan onderhevig is, verbazend klein zijn (zoals we later zullen zien).

Moderne systemen worden geleverd met een instelbare montageflens die voor een groot aantal verschillende spiegels zonder meer kan worden aangepast, waardoor de montage een stuk eenvoudiger wordt. Bij boten met een positieve spiegel moet worden bedacht dat de meeste servo-pendulumsystemen alleen goed werken als de pendulumarm verticaal hangt; het systeem moet waarschijnlijk een stukje achterwaarts van de boot worden gehangen om te voorkomen dat de roerschacht tegen de onderkant van de spiegel komt.

Servo-pendulumsystemen met een verticale pendulumarm hebben op moderne positieve spiegels vaak extra lange steunen nodig

Als het pendulumroer van de Windpilot omhoog is geklapt steekt het door de schuine schacht niet achter de spiegel uit

Deze overhang maakt de stuurvaan natuurlijk zwaarder. Bijna alle servo-pendulumsystemen hebben een verticale pendulumarm. De enige uitzonderingen zijn de Windpilot Pacific en Sailomat, waarvan het pendulumroer een achterwaartse hoek heeft van respectievelijk 10° en 25°. Bij boten met een positieve spiegel (veruit het meest gangbare ontwerp) loopt daardoor, zelfs als het systeem vlak tegen de spiegel is gemonteerd, de schacht van het pendulumroer toch nog vrij van de onderkant of achterkant van de spiegel. Als het systeem vlak tegen de spiegel wordt gemonteerd, betekent dit ook dat als het pendulumroer wordt opgeklapt het niet verder dan de achterkant van de spiegel uitsteekt. Dit is een groot voordeel bij het manoeuvreren in krappe havens of als je in het Middellandse-Zeegebied met de spiegel naar de kade toe moet afmeren.

Draai één bout los, haal de stuurvaan weg, en de zwemtrap kan worden gebruikt.

Waar monteren?

Het hoeft bijna geen toelichting dat de enige plaats voor een servo-pendulumsysteem in het midden van de spiegel is. Voor een soepele werking is een symmetrische opstelling essentieel, en plaatsing uit het midden, bijvoorbeeld om ruimte te maken voor een zwemtrap, geeft nooit bevredigende resultaten. Alle boten zijn zodanig ontworpen dat ze licht loefgierig zijn, dus de windstuurvaan is bijna altijd bezig met afvallen. Dit betekent dat de pendulum naar loef uitzwaait, dat wil zeggen naar de hoge kant, om te kunnen afvallen. Als het systeem aan één kant is geplaatst, komt als die kant de hoge kant is de pendulumarm bij een flinke koersafwijking veel verder uit het water. Als je de pendulumarm langer zou maken, verplaats je het probleem alleen maar naar de andere boeg, waar de schacht en het roer ver onder water zullen komen en meer weerstand zullen creëren.

De grote misvatting

Servo-pendulumsystemen werken op basis van servo-dynamische krachten. In essentie hoeft de bevestiging op de spiegel alleen maar het systeem zelf te dragen en de krachten op te vangen die door de stuurlijnen naar het hoofdroer worden overgebracht. Hoge belastingen door bijvoorbeeld brekende golven komen als regel niet op het systeem en het is waarschijnlijker dat een brekende golf de hele boot op zijn kant duwt dan dat hij het pendulumroer in het kielzog wegslaat. Een golf van de zijkant treft niet alleen het pendulumroer maar ook het hoofdroer. Beide zullen daardoor enigszins draaien en daardoor de kracht van de golf in zekere mate opvangen. De lijnen van de stuurvaan naar het hoofdroer fungeren als een soort slippende koppeling die het systeem als geheel de bewegingen laat dempen.

Je ziet op de foto op de omslag hoe de Pacific-stuurvaan aan de zware gaffelkotter is bevestigd: met maar vier bouten. Hoewel het er breekbaar uitziet, heeft deze bevestiging er elf probleemloze dienstjaren op zitten en daarin vele oceaanmijlen gemaakt. Dit is niet erg verbazend: als de stuurlijnen zijn losgekoppeld, zweeft het pendulumroer achter de boot aan als een meeuw achter een trawler, dus hebben de steunen op de spiegel alleen maar het gewicht

78

van de stuurvaan te dragen. Als de stuurlijnen weer worden aangekoppeld, komt daar alleen de kracht bij die door de pendulumroer wordt opgewekt om het hoofdroer te bedienen en de koerscorrectie tot stand te brengen.

.

Een excentrisch geplaatste servo-pendulumvaan zal niet goed functioneren

Natuurlijk is de praktijk de beste test. Als het echt zo zou zijn dat golven aan een slepend pendulumroer of aan montagesteunen grote schade kunnen toebrengen zouden we daarvan zeker geregeld hebben gehoord. Duizenden Aries- en Monitor-windvanen zijn er in gebruik, en zelden of nooit horen we van schadegevallen waarbij de pendulumarm tegen de stuurlijngeleiders aan is gebogen, die onder deze systemen uitsteken. De overbrenging met conische tandwielen in beide systemen zorgt ervoor dat de pendulumarm altijd weer evenwijdig aan de kiel wordt gebracht, dus gedempt wordt, voordat hij te ver naar buiten kan uitzwaaien. Dit blijft zo, bij elke golfslag en zelfs bij kapseizen

Deze bevestiging van een Windpilot Pacific op een gaffelkotter van 25 ton heeft al 12 jaar prima gewerkt.

Bij een romp van hout, staal, aluminium of massief polyester zijn geen versterkingen nodig aan de binnenkant van de spiegel. Alleen bij sandwichconstructies is het aan te raden om op de plaatsen waar de krachten op komen, houten blokken of aluminium platen aan te brengen in plaats van de sandwichconstructie.

Het lijkt alsof er bij conventionele servo-pendulumsystemen (Aries, Monitor) door het grote aantal bouten (soms wel 16) een betere verdeling van de krachten plaatsvindt, maar technisch noodzakelijk is dit niet en het is een verdere ontsiering van de spiegel. Het kan zijn dat indertijd,toen deze traditionele servo-pendulumsystemen werden ontworpen, de belasting door de ontwerpers gewoon is overschat.

Bevestiging op een Colin Archer van 20 ton   Bevestiging op een Helmsman 49

Gebruiksgemak

Weghalen

Het gemak waarmee een servo-pendulumsysteem kan worden weggehaald, lijkt misschien niet zo belangrijk voor een oceaanreis. Maar in andere omstandigheden, bijvoorbeeld als een windvaan die ver uitsteekt aangevaren kan worden of om diefstal tijdens de wintermaanden te voorkomen, is het handig als het systeem zonder al te veel moeite kan worden verwijderd. Met de Pacific en Sailomat 600 modellen kan dit door het losdraaien van één enkele bout. De meeste andere systemen zitten vast met meerdere bouten.

Het gebruik

Een goede servo-pendulumstuurvaan moet eenvoudig in gebruik zijn en – erg belangrijk – het moet mogelijk zijn om het pendulumroer snel uit het water te halen. Het systeem moet zó eenvoudig in werking te stellen zijn dat een roerganger de vaan zelfs als hij even bij het roer weggat, bijvoorbeeld om naar de kaartentafel te gaan, zal gebruiken. De moeite die het kost om de conventionele servo-pendulumstuurvanen in werking te stellen, nog afgezien van hun uiterlijk, is waarschijnlijk de belangrijkste reden waarom veel zeilers aanvankelijk voor een stuurautomaat kiezen.

Het is niet mogelijk om een pendulumroer vast te zetten. Tenzij het uit het water is gehaald zal het daardoor tijdens het achteruitvaren op de motor gaan meesturen zodra het genoeg stroming ondervindt om uit te zwaaien.

Roerblad buiten gebruik, Monitor.

Roerblad buiten gebruik, Atoms.

Roerblad buiten gebruik, Fleming

Roerblad buiten gebruik, Aries Lift-Up

Roerblad buiten gebruik, Navik

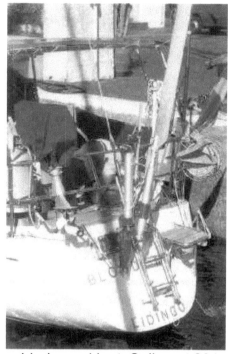

Roerblad opgeklapt, Sailomat 601

Roerblad opgeklapt, Windpilot Pacific

Zoveel ruimte neemt een Monitor in.

Zoveel ruimte neemt een Windpilot Pacific in

Indien nodig kan bij moderne systemen het pendulumroer eenvoudig worden opgeklapt. Hiervoor moet de snelheid uit de boot worden gehaald zodat het langsstromende water geen grip meer heeft op de pendulumarm. Bij conventionele systemen moet het roer, dat is vastgezet, eerst worden losgemaakt voordat het pendulumroer omhoog kan worden gehaald of naar één kant kan worden opgeklapt..

Afmetingen en gewicht

Jarenlang hebben de omvang en het soms aanzienlijke gewicht van servo-pendulumsystemen vele potentiële kopers doen besluiten om naar iets anders uit te zien. Deze nadelen behoren nu tot het verleden: waar een conventioneel systeem soms rond de 35 kilo woog, legt een modern systeem maar 20 kilo in de schaal – en is bovendien op de belangrijkste onderdelen aanzienlijk sterker.

Voordelen en nadelen

Alle servo-pendulumsystemen hebben als sterk punt gemeen dat hun enorme servo-kracht – uiteraard bij een goede overbrenging – genoeg is om boten tot 18 meter te sturen. Normaal gesproken zal een servo-pendulumstuurvaan de boot sturen zolang die vaart heeft en zolang het langsstromende water genoeg kracht heeft om het pendulumroer opzij te drukken. De kracht van servo-pendulumsystemen overtreft die van eenvoudige hulproersystemen enkele malen.

Een nadeel van dit type stuurvaan is de zorgvuldigheid waarmee de stuurlijnen moeten worden opgetuigd. Slecht geleide stuurlijnen maken het systeem minder efficiënt en kunnen er zelfs de oorzaak van zijn dat het systeem niet functioneert. Omdat de doorloop van de lijnen door de blokken slechts 25 cm. bedraagt hebben lange, ver omgeleide stuurlijnen onvermijdelijk een nadelige invloed op de stuurprestatie. Wanneer het systeem voor wat betreft de lijnendoorloop geen reservecapaciteit heeft, is het onvermijdelijk dat het schip in veeleisende situaties uit het roer zal lopen. De overbrenging is bij wielbesturing altijd moeilijker; de mate waarin hangt af van het betreffende systeem.

In de praktijk is de overbrenging van de stuurkracht naar het stuurwiel in een middenkuip erg moeilijk, omdat daarvoor zulke lange lijnen nodig zijn: de weg van de overbrenging is te lang. Het gebruik van roestvrijstalen kabels brengt hier enig soelaas, maar brengt weer andere problemen met zich mee, zoals de slijtage op keerblokken.

Een servo-pendulumstuurvaan kan niet als noodstuurinrichting worden gebruikt: het is onmogelijk om de pendulumarm te fixeren en bovendien is het pendulumroer toch te klein om er in moeilijke omstandigheden enigszins acceptabel mee te kunnen sturen. Een pendulumroer met een oppervlakte van 0,1 m² kan in een ruwe zee, wanneer het hoofdroer het heeft begeven, onmogelijk de boot sturen. Een servo-pendulumvaan is niet ontworpen op de belasting bij gebruik als noodroer. Als de fabrikant niettemin gebruik van het systeem als zodanig aanbeveelt, zullen aanzienlijke verstevigingen nodig zijn om de pendulumarm te kunnen fixeren.

Bij de Sailomat 601 geschiedt dat met lijnen aan weerszijden die aan de achterpreekstoel worden vastgezet. Het roer en de schacht zijn verstevigd om ervoor te zorgen dat het roer niet afbreekt als de lijnen zijn vastgezet, maar deze versterking maakt dat het pendulumroer zwaarder is in het gebruik als zelfstuurinrichting (zie *Gevoeligheid)*.

Het pendulumroer van een MONITOR kan door een groter noodroer worden vervangen. De schacht moet dan met 6 lijnen worden vastgezet.

Servo-pendulumsystemen met V-vaan: Hasler, Schwingpilot

Servo-pendulumsystemen met H-vaan:
 a) *Demping met conische tandwielen:* Aries, Fleming, Monitor, Windpilot Pacific;

 a. *Andere vormen van demping:* Cap Horn, Sailomat 601, Navik, Atoms.

Dubbelroersystemen

De werking

Een systeem met een dubbel roer combineert de voordelen van een krachtig servo-pendulumsysteem met die van een hulproer, onafhankelijk van het hoofdroer, en geeft daarmee de best mogelijke stuurprestatie. Het hoofdroer wordt vastgezet en gebruikt voor het natrimmen van de te sturen koers, terwijl het dubbelroersysteem de koerscorrecties uitvoert zonder dat er sprake is van loefgierigheid

Stuurimpuls	=	*wind*
Stuurkracht	=	*water*
Sturing door	=	*hulproer*
Hefboom	=	*tot 200 centimeter*

Geschiktheid

Dit type systeem is vooral heel geschikt in de volgende gevallen:

1. Als de boot te groot of te zwaar is om door een eenvoudig hulproer te worden gestuurd;
2. Als er te lange en te ver omgeleide stuurlijnen nodig zijn om een servo-pendulumvaan efficiënt te kunnen toepassen (op boten met een middenkuip);
3. Als er een lange reis met een kleine bemanning is gepland en daarvoor de allerbeste stuurprestatie wordt verlangd;
4. Als een noodroerfunctie erg belangrijk wordt gevonden, bijvoorbeeld op boten waar het hoofdroer niet door een scheg wordt beschermd;
5. In geval van een hydraulisch stuursysteem – een dubbelroersysteem is de enige vorm van windvaanbesturing die dan kan worden toegepast (zie de opmerkingen bij hydraulische wielbesturing).

Wereldwijd worden er maar twee dubbelroersystemen in serie geproduceerd

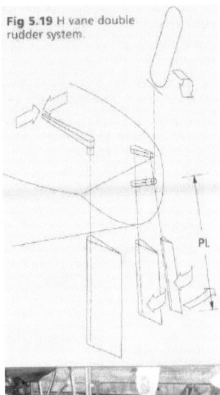

Fig 5.19 H vane double rudder system.

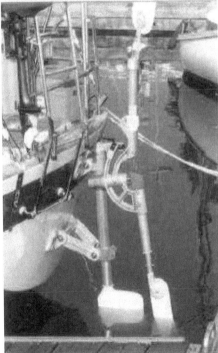

Windpilot Pacific Plus op een Hallberg Rassy 36

SAILOMAT 3040

Dit systeem is oorspronkelijk ontworpen voor boten van 30 tot 40 voet (vandaar de benaming 3040). Een H-vaan geeft de stuurimpuls aan een pendulumroer waarvan de schacht een helling heeft van 30°. Bovenaan heeft de schacht een verlenging die is verbonden met het hulproer, zodanig dat daarop een kracht wordt uitgeoefend in tegengestelde richting van de beweging van het pendulumroerblad. De helling van de schacht zorgt voor gierdemping.

Deze stuurvaan werd tussen 1976 en 1981 gemaakt en heeft een bijzonder compacte behuizing voor de overbrenging, waarvan de bovenkant en de onderkant tevens fungeren als bevestigingspunten voor de vaan aan de spiegel. De kleine afmetingen van de bevestiging betekent dat de krachten van de vaan op een heel klein oppervlak zijn geconcentreerd. Op polyester boten is daarom een uitgebreide versterking aan de spiegel noodzakelijk om de grote krachten van het hulproer op te vangen.

Idealiter moeten de bevestigingspunten van een hulproersysteem, en dus ook van een dubbelroersysteem, een eind uit elkaar zitten om een goede spreiding van de krachten op de spiegel te krijgen. De spiegel heeft van nature aan de bovenkant en aan de onderkant een grotere stijfheid dan in het midden, dus plaatsing van de bevestigingspunten uit elkaar elimineert ook vrijwel alle vibratie.

Het voornaamste nadeel van dit systeem, nog afgezien van de kosten, is dat het in het dagelijks gebruik vrij ingewikkeld is. Om het pendulumroer er af te halen moet je daarvan de bevestiging losnemen en het dan uit zijn schacht laten zakken – een onhandige operatie om uit te voeren iedere keer als je in een haven moet manoeuvreren. De aard van het ontwerp beperkt de dwarsscheepse uitslag van het pendulumroer tot 20° aan weerszijden. Bij een grotere uitslag stoot de bovenkant van de schacht tegen de eindstoppen in de overbrenging. Dit kan in hoge zeeën een groot probleem zijn: Naomi James heeft een heel aantal reserveroerbladen verbruikt tijdens haar opmerkelijke wereldomzeiling in *Express Cruisader.*

Sailomat 3040 op een Hallberg Rassy 352.

Windpilot Pacific Plus

De Windpilot Pacific Plus is sinds 1986 op de markt. Het is waarschijnlijk het enige dubbelroersysteem ter wereld dat in die periode in serie werd gebouwd. In het ontwerp zit alle vooruitgang verwerkt die in veertig jaar windvaanzelfbesturing is bereikt. De stuureigenschappen zijn geoptimaliseerd, het systeem heeft een conische koppeling voor de gierdemping en een horizontale windvaan met een as onder een heling van 20°. Het kan met een traploos wormwiel op afstand worden bediend. Het pendulumroer kan als het systeem buiten gebruik is, worden opgeklapt en het hulproer is tevens een goed noodroer. Het ontwerp heeft een moderne uitstraling en de constructie in modules maakt dat het systeem eenvoudig te installeren is en dat de onderdelen van het pendulum eenvoudig weg te nemen zijn. De plaatsing van het hulproer helemaal achterop het schip geeft ook een optimale hefboom en daardoor een bijzonder effectieve sturing. De effectieve oppervlaktes van het hulproer zijn als volgt:

87

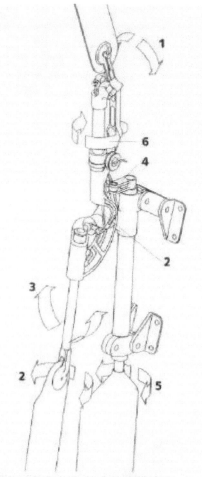

Pacific Plus I	0.27 m^2
Pacific Plus II	0.36 m^2
Pacific Plus III	0.50 m^2

Windpilot Pacific Plus: 1 De windvaan wordt door de wind opzij gedrukt en geeft een stuursignaal. 2 Via de overbrenging wordt het pendulumroer gedraaid. 3 Het langsstromende water duwt de pendulumarm zijwaarts naar buiten; een koppeling tussen de pendulumarm (4) en het hulproer (5) brengt het stuursignaal over. 6 De voet van de vaan kan 360° worden gedraaid.

Fig 5.20 Windpilot Pacific Plus: **1** Windvane is deflected by wind and gives steering signal. **2** Via linkage, it turns the pendulum rudder. **3** Water flowing past pushes the pendulum arm out to one side; a linkage **(4)** connecting the pendulum arm to the auxiliary rudder **(5)** transmits the steering signal. **6** The vane mounting can be rotated through a full 360°.

Het pendulumroer zit vlak achter het hulproer. Dit betekent dat de twee elementen rechtstreeks aan elkaar kunnen worden gekoppeld, waardoor verliezen bij de overbrenging (door speling, rek of wrijving in de lagering) – typisch voor servo-pendulumsystemen waar de stuurkracht via stuurlijnen op het roer wordt overgebracht - kunnen worden voorkomen. Deze koppeling tussen de beide roeren ging oorspronkelijk met een nieuw soort kogelgewricht. Als de kom in het helmstokgedeelte van de kogel werd afgehaald, kon de verbinding worden losgemaakt, en kon de pendulumarm worden opgeklapt. Het pendulumroer op de vergelijkbare Sailomat stuurvaan, die dit niet had, kon alleen maar worden weggenomen door het uit de schacht te laten zakken.

Met ingang van het model 1998 heeft de Pacific Plus nu een tapse tuimelaarverbinding tussen de pendulumarm en het hulproer. Deze 'Snel in, snel uit' koppeling kan met één hand worden losgegooid, zelfs onder belasting. Door een speciale constructie blijft het hulproer gecentreerd wanneer het niet in gebruik is en het pendulumroer is opgeklapt. De Pacific Plus heeft ook een voorziening waarmee de windvaan in het midden kan worden vastgezet. Hiermee kan worden voorkomen dat het pendulumroer begint uit te zwaaien zodra het in het water wordt gelaten. Als de conische koppeling weer in het werk zit, wordt de windvaan losgezet en komt het systeem in actie. Ook is op het huidige model een pin om een helmstokstuurautomaat op te zetten standaard aangebracht

Gebruik bij hydraulische besturing

Dubbelroersystemen werken alleen goed bij hydraulische besturing als de doorstroming van de vloeistof in het hydraulisch systeem volledig en betrouwbaar kan worden geblokkeerd. Elke lekkage, hoe klein ook, maakt dat het hoofdroer door golven of waterdruk kan worden bewogen en daardoor onbruikbaar wordt voor de fijnafstemming van de koers en om er tegenwicht aan de loefgierigheid mee te bieden. Dubbelroersystemen zijn afhankelijk van het oppervlak van het hoofdroer; ze kunnen alleen maar sturen als het vastgezette hoofdroer in positie blijft.

Hydraulische systemen kunnen soms beschadigd raken en onderweg gaan lekken. Als dit tijdens een lange reis gebeurt, is de enige oplossing de noodhelmstok aan te brengen en deze met lijnen stevig vast te zetten, hetzij aan dek, hetzij benedendeks, om het hoofdroer op zijn plaats te houden.

Rechts en linksboven: het model 1998 van de Pacific Plus heeft een 'Snel in, snel uit' koppeling tussen de pendulum en het hulproer

Toepassing

Dubbelroersystemen worden hoofdzakelijk door oceaanzeilers gebruikt, aangezien hun uitmuntende stuurkwaliteiten hier bij uitstek uitkomen. Ze zijn ook bijzonder geschikt voor ontwerpen met een middenkuip die bij jachtbouwers als Hallberg Rassy, Oyster, Westerly, Moody, Najad, Malö, Camper&Nicholson en Amel in toenemende mate favoriet zijn. Het hulproer is in zeker opzicht een handicap bij het manoeuvreren in de haven, waardoor dit type vaan minder aantrekkelijk is voor weekeind en vakantiezeilers.

Een typisch toerjacht met middenkuip, een Deense Motiva 41, tijdens een wereldomzeiling.

Voor een kleine bemanning tijdens een lange reis kan een stuurvaan nooit te goed presteren. Slechte sturing, door welke oorzaak dan ook (slecht gekozen systeem, overbrengingsproblemen bij een servo-pendulumsysteem) komt altijd aan het licht in moeilijke wind- en zeeomstandigheden, als met de hand sturen het minst aantrekkelijk is. Een dubbelroersysteem is vanuit oogpunt van stuurkracht en prestatie het allerbeste. Het combineert de voordelen van hulproersystemen en servo-pendulumsystemen (zonder de daarmee gepaard gaande overbrengingsproblemen): tussen het pendulumroer en zijn hulproer bestaat een rechtstreekse koppeling en dankzij de plaatsing helemaal achterop de boot voert het hulproer, dat door het hoofdroer van alle basisstuurfuncties is ontlast, de koerscorrecties met een maximale hefboom uit. Van tijd tot tijd duikt er een theorie op die suggereert dat een pendulumroer beter via het hoofdroer kan sturen omdat dit een groter oppervlak heeft dan een hulproer. Dit verraadt een slecht begrip van de interactie tussen de besturingselementen. Het hoofdroer is ontworpen om onder alle omstandigheden te kunnen sturen. Echter, de voor koerscorrecties nodige roerhoeken zijn altijd maar klein. De relatief korte doorloop van de lijnen en de altijd optredende verliezen bij de overbrenging (loefgierigheid, rek, speling, wielbesturing met overbrenging naar het roerkwadrant, de wrijving in de lagering van het hoofdroer) vormen hoe dan ook een beperking van de mate waarin het pendulumroer het hoofdroer kan bewegen.

Waar windvaanbesturing ophoudt

Als er geen wind is kan er ook geen stuursignaal zijn, maar een gevoelige windvaan zal zodra er genoeg wind is om de zeilen te laten bollen en de boot vaart te geven, gaan werken.

Een servo-pendulumstuurvaan heeft zo'n 2 knopen vaart nodig voordat het langsstromende water in het pendulumroerblad en de stuurlijnen de nodige kracht kan oproepen om het hoofdroer te bewegen. Jammer genoeg veronderstelt dit alles een kalme zee. Als de zeilen staan te klapperen door oude deining zal de boot geen drijfkracht hebben en zal de windvaan niets te bieden hebben. Hier is de stuurautomaat de enige oplossing.

ULDB Budapest net na de tewaterlating, Slovenia, June 1996

Meer wind roept een sterkere stuurimpuls van de windvaan op en een betere bootsnelheid geeft het pendulumroer meer kracht. Als de boot goed is getrimd - als er dus weinig stuurkracht nodig is - zal het pendulumroer maar weinig uitzwaaien en maar weinig kracht op het hoofdroer uitoefenen. Pas als de boot veel druk op het roer nodig heeft, zal het systeem zijn volledige capaciteit aan kracht inzetten. Om aan de grotere behoefte aan stuurkracht te voldoen zal het pendulumroer verder uitzwaaien waarbij de hefboom groter wordt en er aanzienlijk meer stuurkracht wordt opgewekt. Dit illustreert hoe door een goede en effectieve demping de servo-pendulumvaan zoveel voordelen heeft in termen van verschillende omstandigheden en reserve aan stuurkracht: in het algemeen gaat het sturen beter naarmate de windkracht en de bootsnelheid toenemen.

Dit gaat op totdat vanwege brekende golven handmatig sturen nodig wordt. Een windvaanstuurinrichting kan geen brekers zien aankomen en blijft er gewoon recht doorheen sturen, hetgeen potentieel gevaarlijk is voor schip en bemanning. De blinde Zuidafrikaanse zeiler Geoffrey Hilton Barber, die in 1997 in zeven weken de Indische Oceaan van Durban naar Freemantle overstak, vertrouwde zijn Windpilot Pacific zelfs voor top en takel zeilend in een storm met windsnelheden van 65 knopen.

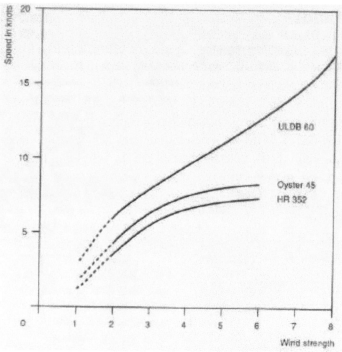

Fig 5.21 Deze figuur gebruikt dezelfde formule als Fig. 5.14, maar hier wordt de bootsnelheid in plaats van het koppel afgezet tegen de kracht. Er wordt uitgegaan van een draaihoek van het pendulumroer van 6°, hetgeen met opzet aan de hoge kant is om de theoretisch mogelijke trekkracht te illustreren. Draaihoeken van 0-3° zijn realistischer, aangezien de benodigde trekkracht op het hoofdroer van een goed getrimde boot veel lager ligt. Hoe slechter getrimd, hoe meer trekkracht nodig is op het hoofdroer; dus hoe groter de draaihoek die het pendulumroer nodig heeft voordat de windvaan het signaal geeft dat de boot weer op de gewenste koers ligt en het pendulumroer of de pendulumarm weer midscheeps kan komen. Dit houdt automatisch een grotere gierhoek in. Hoe sneller het systeem reageert, hoe strakker de koers zal zijn.

Voor boten waarvan de snelheid gemaximeerd is als functie van de waterlijnlengte, stopt de in de figuur geplotte curve als de boot de rompsnelheid heeft bereikt.
Voor boten waarvan de maximumsnelheid veel hoger ligt of zelfs onbeperkt is (ULDB's, catamarans) loopt de curve door. Een windvaanstuurinrichting moet het oploeven opgeven als de acceleratie van de boot tijdens het afvallen zo groot is dat de schijnbare wind van voren inkomt en de windvaan niet langer kan aangeven wat er aan de hand is en dus ook geen corrigerende roerbeweging inzet (zie de uitersten van windvaanbesturing).

Onthoud: Je kunt een planerende boot niet aan een windvaanbesturing overlaten, aangezien de hierboven aangegeven principes een betrouwbare stuurimpuls uitsluiten. Het gevaar van een klapgijp is als de windvaan gedesoriënteerd raakt steeds aanwezig; alleen een erg onverantwoordelijke schipper riskeert het verlies van zijn mast om minder lang te hoeven sturen.

Oceaanzeilraces

De ervaring met ultralight displacement boats (ULDB's) van alle afmetingen heeft geleerd dat het snelheidpotentieel van deze laagvliegers gewoon te groot is om op windvaanbesturing te kunnen vertrouwen. Iedere verandering in windsnelheid leidt aan boord van zulke snelreagerende boten tot een verandering in de bootsnelheid waardoor vervolgens de schijnbare windhoek verandert. Door de acceleratie en vaartvermindering van de boot in vlagen en flauwtes verschuift de schijnbare windhoek steeds naar voren of naar achteren. Een stuurvaan die op een zekere schijnbare windhoek is ingesteld moet daardoor steeds oploeven of afvallen als de windsnelheid varieert, om op dezelfde ingestelde windhoek te blijven.

De meeste monohulls en zeker alle toerjachten zijn, in termen van hun snelheid als functie van hun lengte waterlijn, beperkt en accelereren niet snel genoeg om een significante verandering in de schijnbare windhoek uit te lokken. Monohull ULDB's hebben zulke snelheidsbeperkingen niet. De boeg, de rompvorm, de kiel, de waterverplaatsing en het zeiloppervlak zijn allemaal bedacht om zelfs in vrij matige wind te kunnen surfen; het ontwerp leidt tot enorme acceleraties, die onvermijdelijk enorme fluctuaties in de schijnbare windhoek tot gevolg hebben.

Geen enkele windvaan kan deze vorm van zeilen aan. De wilde koers die door een uitsluitend op de schijnbare windhoek sturend systeem zou worden gestuurd moet vroeg of laat leiden tot onmasting, bijvoorbeeld door een plotselinge klapgijp. Op aandewindse koersen ziet het er niet veel gunstiger uit. Zelfs met de zeilen strak aangetrokken zal de kleinste afvallende beweging (bijvoorbeeld door de deining of gierend) de boot snel laten accelereren, waardoor de schijnbare wind voorlijker inkomt. Een windvaan kan niet onderscheiden of de boot langzamer gaat op een heel hoge koers dan wel sneller op een lagere koers, omdat de schijnbare windhoek in beide gevallen hetzelfde is. Hier houdt windvaanbesturing op. Er is immers geen manier om een windvaan te leren om onderscheid te maken tussen verschillende situaties die dezelfde natuurkundige effecten hebben. Hier is een stuurautomaat de enige oplossing.

Planerende jachten op ruimwindse en tot op zekere hoogte op aandewindse koersen vallen buiten het werkingsgebied van windvaanbesturing. *Cruising World* schreef in zijn septembernummer in 1995 over het gebruik van windvanen in de BOC dat "de tegenwoordige boten zo extreem accelereren en weer vaart verminderen dat windvaanstuurinrichtingen maar op weinig boten meer zijn te zien, hooguit nog maar op de ouderwetse".

⚓ 6 ⚓
De keuze van een systeem

Materialen

De keuze van de materialen die voor een windvaanstuurinrichting worden gebruikt wordt gewoonlijk bepaald door de fabricagemethode. De meeste met de hand gemaakte systemen zijn van roestvrijstaal gemaakt. De esthetiek is hier gewoonlijk ondergeschikt aan de functionaliteit en zulke systemen zijn voor een belangrijk deel de oorzaak van de terughoudendheid bij veel zeilers om hun fraaie spiegel met een windvaanstuurinrichting te ontsieren.

Een andere overweging is de precisie van de constructie. Systemen die met de hand worden gemaakt, worden bijna altijd binnen zekere toleranties gebouwd; buizen bijvoorbeeld buigen tijdens het lassen. Het tegenargument dat roestvrijstalen buisconstructies gemakkelijker zijn te repareren, gaat in de praktijk niet op: maar weinig boten zullen het gereedschap aan boord hebben dat nodig is om een systeem dat door een aanvaring is beschadigd, weer recht te buigen.

Industrieel vervaardigde systemen worden in het algemeen in aluminium uitgevoerd. De methode van gieten in zand of in matrijzen en het gebruik van CNC machinaal gereedschap maakt uiterst precieze vervaardiging van componenten met identieke afmetingen mogelijk. Deze productiemethode geeft de ontwerper aanzienlijk meer ruimte om ook aandacht te besteden aan het uiterlijk.

Aluminium is er in allerlei soorten. De meeste aluminium windvaansystemen zijn van een AlMg3 legering gebouwd, hoewel AlMg5, geheel bestendig tegen zout water, beter is. Aluminium schepen worden bijvoorbeeld van een AlMg4,5-legering gemaakt, een materiaal dat zelfs als het ongeschilderd wordt gelaten tegen de inwerking van zeewater is bestand.

Onderdelen van windvanen worden ter bescherming gecoat (Sailomat) of geanodiseerd (Hydrovane, Aries, Windpilot Pacific). Windpilot is de enige fabrikant die standaard het hoogwaardige AlMg 5 toepast.

Lagering

Kogellagers, naaldlagers en zelfinstellende lagers zijn geschikt voor gebruik bij zware belasting zoals in lieren, in schijven van genualijogen, in de tuigage en in de roerophanging. De belasting die optreedt bij de overbrenging van stuurimpulsen van de windvaan is heel klein, dus de constructie kan hier heel simpel zijn. De genoemde soorten lagering kunnen worden gebruikt als hoofdlager en voor de lagering van de pendulumas, maar een afdichting om ze te beschermen tegen de inwerking van zout water of zoutkristallen zorgt ervoor dat ze soepel blijven lopen. Onbeschermde kogellagers gaan op den duur vastzitten doordat er zoutkristallen worden gevormd en er is een zekere mate van onderhoud voor nodig om ze blijvend soepel te laten lopen.

Iedereen die ooit uit nieuwsgierigheid of uit verveling een windvaan uit elkaar heeft gehaald, zal ongetwijfeld geschokt zijn geweest door de hoeveelheid vuil uit de lucht en uit het water die zich in zelfs maar één enkel jaar in de lagering weet op te hopen. Op zee zijn zoutkristallen gemakkelijk te verwijderen door er wat zoet water overheen te gieten, maar als je boot een tijdje dichtbij een grote stad heeft gelegen, kun je veel meer schadelijke afzetting van oliehoudend havenwater in de lagers vinden. Zoals diegenen met ervaring kunnen bevestigen, vereist het uit elkaar halen van een lager een paar vaste handen, sterke zenuwen en ook een goed geheugen om er zeker van te zijn dat alles weer op de juiste plek terecht komt!

Glijlagers van PE, POM, DELRIN of PTE TEFLON krijgen hun goede glij-eigenschappen doordat ze een zekere hoeveelheid vocht (uit de lucht of uit het water) absorberen, en zijn in de regel iets groter. De glij-eigenschappen zijn nauwelijks gevoelig voor ophoping van zoutkristallen of vuil in de lagering. Glijlagers zijn betrouwbaarder en duurzamer bij langdurig gebruik en zijn gemakkelijker te vervangen

a

Deze reeks foto's toont het fabricageproces van in zand gegoten aluminium.

a. Het model en de kern van de Pacific Light in hout
b. De vervaardiging van het model
c. De afdrukken in zand van het model met de kernen
d. De verwijdering van de zandmal
e. Het resultaat

b

c

d

e

Onderhoud

De tijden zijn voorgoed voorbij waarin traditionele Aries-systemen onderhouden moesten worden door de met rode verf gemarkeerde punten regelmatig te oliën. Geen enkele zeiler zou dat nu nog accepteren. Windvaanstuurinrichtingen zijn nu robuust, duurzaam en weinig veeleisend in onderhoud. De slijtage is absoluut minimaal, en als ze niet al te dicht in de buurt van havenmuren komen kunnen veel systemen het wel 30 jaar of meer uithouden. Windpilot-systemen komen vaak met nauwelijks zichtbare slijtage terug van wereldomzeilingen, zelfs als de boot tijdens de reis één of twee keer is platgeslagen.

Het minimaal onderhoud omvat de regelmatige reiniging van de lagers en het checken van alle bouten en schroeven. De windvaan en het roerblad zullen van tijd tot tijd een laagje verf nodig hebben.

Waarschuwing: het oliën of smeren van kunststoflagers kan tot problemen leiden doordat het materiaal plakkerig wordt of een chemische reactie met zout water aangaat, waardoor de goede glij-eigenschappen verdwijnen.

Tip: Overal waar beslag in de tuigage en op de rondhouten is geschroefd blijven de schroeven jarenlang gemakkelijk weer los te krijgen als ze met wolvet (lanoline) zijn gemonteerd. Lanoline is de substantie die een schapenvacht in de regen waterafstotend houdt. Iedere boot zou een pot lanoline aan boord moeten hebben – het is ook heel goed als handcrème! Een andere manier om allerlei elektrolytische corrosie tussen verschillende materialen te voorkomen is om Duralac montagepasta op het contactoppervlak te gebruiken

Zelfbouw

In boeken over zelfsturing van twintig jaar geleden werd aan het onderwerp van zelfgebouwde windvaanstuurinrichtingen een heel hoofdstuk gewijd. Maar twintig jaar geleden was de gemiddelde bootlengte nog zodanig klein dat zelfbouw een praktisch haalbaar alternatief was. De gemiddelde lengte van de tegenwoordige zeegaande jachten benadert de 12 meter en veel grotere jachten komen algemeen voor. De meeste eigenaars hebben tegenwoordig aanzienlijk meer geld te besteden en gezien de in het algemeen hoge kwaliteit van de uitrusting lijkt zelfbouw minder aantrekkelijk.

In de Bibliografie staan oudere boeken over het onderwerp zelfbouw voor de wat minder ruim gebudgetteerde zeiler die hiermee toch geld zou willen besparen. Bedenk echter dat er een levendige handel in goede tweedehands windvaansystemen voor kleine boten bestaat. Om te helpen bij tweedehands aankopen zijn in het marktoverzicht in hoofdstuk 11 ook oudere systemen opgenomen die niet meer in productie zijn.

Als je bezig bent met de voorbereiding van een lange reis met een kleine boot, raden we je dringend aan om een capabel systeem te kiezen dat zichzelf heeft bewezen, in plaats van te vertrouwen op een zelfgebouwd systeem dat het begeeft als de omstandigheden zwaarder worden. Onthoud het grondthema: als je zelfstuuruitrusting het begeeft, moet je met de hand sturen of voortijdig naar huis.

Een nieuwe boot bouwen

Als je kijkt naar het grote aantal boten dat nieuw wordt gebouwd voor lange zeilreizen, zowel seriebouw als one-off, valt het op dat er veel fouten worden gemaakt ten aanzien van de zelfstuuruitrusting. Bij de aankoop van een seriejacht van een bekende werf vertrouwen veel zeilers simpelweg op de competentie van de verkoper. Vervolgens wordt de boot met een hele reeks ingewikkelde elektrische en elektronische systemen afgeleverd en pas later komt de eigenaar er achter hoe belangrijk (of onbelangrijk) de afzonderlijke onderdelen zijn. Een aantal bouwers van grote jachten weigert zelfs ten enen male om een windvaanstuurinrichting te monteren of excentrische plaatsing van de zwemtrap als optie aan te bieden omdat dit niet in serieproductie zou passen. Er wordt misschien ook van uitgegaan dat iemand die bezig is met de aankoop van een nieuwe boot wel wat anders aan zijn hoofd heeft dan vragen om de zwemtrap op een andere plaats te monteren, zelfs als dit maar weinig extra werk betekent voor de bouwer. Van het enorme aantal jachten dat tegenwoordig een Windpilot als stuurvaan heeft is bij minder dan vijf boten het systeem tijdens de bouw gemonteerd!

Maar zeilers lijken er zich in toenemende mate van bewust te zijn dat bij de aankoop van een nieuwe boot de ideale oplossing voor alle zelfstuurproblemen bestaat uit een stuurautomaat en een windvaanbesturing die goed kunnen samenwerken en op hun taak zijn berekend, een onderwerp waarop we in hoofdstuk 7 zullen terugkomen.

Het is de moeite waard om te overwegen om een relatief kleine stuurautomaat op het hoofdroer te nemen als aanvulling op de windvaanstuurinrichting. Elk systeem heeft zijn eigen werkgebied aan zee- en windomstandigheden, en de totale uitgaven zullen lager uitvallen. Jachtbouwers installeren vaak een krachtige stuurautomaat, maar deze is naast een windstuurvaan overbemeten omdat de stuurautomaat hoofdzakelijk bij zwakke wind wordt gebruikt en tijdens het varen op de motor.

Op deze in Las Palmas afgemeerde jachten is een zelfstuursysteem standaard. November 1985

Een belangrijke overweging tijdens het ontwerp en de bouw van een one-off jacht voor grote reizen is het feit dat op zee bijna uitsluitend door de 'ijzeren roerganger' zal worden gestuurd. Bij het ontwerp moet daarom rekening worden gehouden met de eigenschappen van de gekozen methode van zelfsturing. Een servo-pendulumvaan bijvoorbeeld werkt altijd het best met een helmstok (zie *Overbrenging naar de Helmstok*). Zelfs grote zware schepen kunnen indien nodig met een helmstokbesturing worden ontworpen. Sommige zeilers geven desondanks de voorkeur aan wielbesturing, hetzij uit een oogpunt van persoonlijke smaak, hetzij omdat ze een middenkuip willen. De nadelen van wielbesturing bij de overbrenging van de stuurkracht van servo-pendulumsystemen kunnen gemakkelijk worden omzeild door de stuurlijnen naar de noodhelmstok te leiden. Veel Franse boten met wielbesturing hebben een voorziening waarbij de kracht van het wiel rechtstreeks via lijnen op de noodhelmstok wordt overgebracht in plaats van door het dek heen naar een kwadrant te worden geleid: deze lijnen kunnen van de noodhelmstok worden afgenomen, waarna deze probleemloos aan een servo-pendulumvaan kan worden gekoppeld. Een duur dubbel roersysteem is daarmee overbodig.

Behalve dat een helmstok in termen van betrouwbaarheid en eenvoud grote voordelen heeft ten opzichte van een stuurwiel, maakt hij ook fouten in de trim of de zeilvoering (de noodzaak om te reven bijvoorbeeld) duidelijk. Bij te veel loefgierigheid zie je de helmstok voortdurend werken.

Soms is bij een specifiek ontwerp een hydraulische stuurinrichting essentieel, bijvoorbeeld als er op de boot meerdere stuurstanden zijn. Alleen onder bepaalde voorwaarden is een servo-pendulumroer toe te passen bij hydraulische besturing (zie *Hydraulische wielbesturing,* p .19), zodat daar een hulproersysteem of een dubbelroersysteem noodzakelijk is. Hier is een betrouwbare manier om het hydraulische systeem te blokkeren en het hoofdroer te fixeren een absoluut kritische voorwaarde. Als het hoofdroer door de golven wordt bewogen, is de windvaanstuurinrichting waardeloos. Eventueel kan het hoofdroer worden gefixeerd door de noodhelmstok vast te zetten, maar dit maakt de operatie erg omslachtig, omdat iedere keer als de trim van het hoofdroer moet worden aangepast, de noodhelmstok moet worden losgemaakt.

Idealiter moet het hoofdroer een goede balans hebben. Dit houdt de benodigde stuurkracht laag, vergroot de gevoeligheid van de windstuurvaan en bespaart energie in geval van een stuurautomaat.

Bij de lay-out van het achterdek moet er rekening worden gehouden met het feit dat een windvaan beter werkt naarmate hij minder turbulentie ondervindt. Banken, reddingvlotten, spatschermen in de zeereling, hoge opbouwen dichtbij het hek etc. verminderen de gevoeligheid van de windvaan. Sprayhoods en soortgelijke uitstekende structuren op een grotere afstand van het hek geven zulke problemen niet aangezien geen enkele boot hoger vaart dan 35° aan de wind, en er binnen deze hoek vanuit de positie van de windvaan alleen maar open zee is.

De bouten waarmee een windstuurvaan is gemonteerd, moeten altijd vanaf de binnenkant van de boot bereikbaar zijn. Er moet voor worden gezorgd dat ze niet aan het oog worden onttrokken als er onderdeks in het achterschip wordt gewerkt aan bijvoorbeeld de intimmering van een achterhut. Als je een systeem op een bestaande boot wilt monteren en de achterkajuit een houten betimmering heeft, is het de beste manier om de gaten voor de bouten van buitenaf door de huid en de betimmering heen te boren en daarna van binnen uit met een gatenzaag het hout rondom de gaten weg te zagen. Als het systeem is gemonteerd, kunnen de gaten weer met hout worden afgedekt, waardoor de bouten niet zichtbaar maar wel snel bereikbaar zijn.

De gewenste vorm voor de spiegel is bij de bouw van een nieuwe boot ook van groot belang. Moderne spiegelvormen met een geïntegreerd zwemplatform (de zgn. sugar scoop) zijn voor de installatie van een windvaanstuurinrichting ideaal zolang het platform niet te ver naar achteren uitsteekt, waardoor montage meer moeite kost. Dubbele roersystemen kunnen zelfs zodanig worden geïnstalleerd dat het hulproer binnen het platform valt, doordat de schacht van het roer door het platform heen steekt of – nog beter – door in het platform aan de achterkant een diepe inkeping te maken. In elk geval blijft het pendulumgedeelte vrij van het zwemplatform en kan het eenvoudig uit het water worden geklapt.

Nog een overweging voor eigenaren die de bedoeling hebben om de achterhut als eigenaarshut in te richten: de aandrijving van een stuurautomaat die rechtstreeks op het roerkwadrant onder het bed aangrijpt kan nogal lawaaierig zijn. Het is voorgekomen dat zeilers door het lawaai van de stuurautomaat uit hun kooi zijn verdreven. Mechanisch-lineaire aandrijvingen maken veel meer lawaai dan hydraulisch-lineaire aandrijvingen.

Te veel zeilers wachten tot op het allerlaatst met hun besluit om een windvaanstuurinrichting te monteren. Tegen die tijd, vlak voor het vertrek, zit het achterschip al helemaal vol en moeten er allerlei compromissen worden bedacht om ruimte te maken voor de vaan, iets wat zowel de eigenaar als de bouwer slapeloze nachten bezorgt. Toch ligt het niet altijd aan de eigenaar. Sommige boten hebben allerlei bijzondere vormen waardoor extra werk bij de montage en extra (zware!) ondersteuningsconstructies nodig zijn. De moraal van het verhaal is: denk vooruit bij het ontwerp van het achterschip! Wijzigingen naderhand zijn erg moeilijk uit te voeren en leiden tot compromissen die niet bevorderlijk zijn voor de esthetiek.

De sugarscoop van een Carena 40 met een Windpilot Pacific Plus klaar
voor een Atlantische oversteek in november 1996

Een Windpilot Pacific Plus systeem
op de sugarscoop van een Taswell 48
met de pendulumarm omhoog.

De verschillende boottypes

De keuze van een boot kan erg moeilijk zijn. Er zijn zoveel valkuilen en er zijn zoveel
potentiële fouten mogelijk die pas later, op zee of in bepaalde omstandigheden, meestal slecht
weer, zullen blijken. We zullen de boottypes in hoofdlijnen bespreken om u op deze valkuilen
te attenderen.

Langkielers

99

Deze klassieke rompvorm was jarenlang in de jachtbouw het meest gangbaar. De lange kiel beloofde een goede koersstabiliteit en een grote zeewaardigheid, en vormde een stevige ruggengraat in de constructie van elk jacht. Het roer was achter aan de kiel opgehangen. S-vormige spanten in combinatie met V-vormige spanten in het voorschip garandeerden soepele bewegingen in het water en een comfortabele boot.

Overal ter wereld wordt in verhalen de herinnering aan de moedige reddingsacties van de Noorse zeiler Colin Archer levend gehouden, die met zijn ongemotoriseerde spitsgatkotter zelfs bij orkaanwind de Noord Atlantische Oceaan opging om vissers in moeilijkheden te helpen. Zijn ervaringen leidden tot ontelbare nieuwe ontwerpen en staan voor feitelijk onbeperkte zeewaardigheid. Zeilers over de hele wereld weten waar het zeilteken CA voor staat.

Bernard Moitessier was ook een aanhanger van de lange kiel die hij koos voor zijn *Joshua*.

Met deze boot nam hij deel aan een race om de wereld toen hij de overwinning opgaf, de race verliet en koers zette naar de Stille Zuidzee. Het ontwerp wordt in bijna de originele versie nog steeds gebouwd onder de naam "Joshua" .

Voor ons zijn de stuureigenschappen van langkielers interessant. Boten van dit ontwerp zijn zeer stabiel op rechte koersen, maar als ze van de koers af raken, is vanwege het balansloze roer de stuurkracht die nodig is om ze weer op koers te leggen, aanzienlijk. Hier is een servo-ondersteunde windvaanstuurinrichting nodig dan wel een flink uitgevallen stuurautomaat. Om met dit soort boten in een haven te manoeuvreren heb je sterke zenuwen en een koelbloedige roerganger nodig (of een stel grote stootwillen!)

Er wordt veel over gediscussieerd of langkielers veiliger en zeewaardiger zin dan boten met een kortere kiel en een loshangend roer aan een scheg. Het is een feit dat de relatieve koersstabiliteit op zee snelle reacties, bijvoorbeeld om een brekende golf te ontwijken, aanzienlijk moeilijker maakt. Het grote natte oppervlak van de lange kiel houdt in dat de boot in zwaar weer maar weinig verlijert, wat het gevaar van kapseizen weer vergroot. Maar vanuit het oogpunt van veiligheid is de beschermde positie van het roer – achter aan de kiel en van boven tot onder stevig opgehangen – superieur.

Vinkiel en scheg

Van de tekentafels van Sparkman and Stephens is in de jaren 60 en 70 een groot aantal jachten gekomen die nu worden gezien als klassiek. Alle oude Swan-jachten hadden een lange vin en een afzonderlijk aan een robuuste scheg opgehangen roer. Het spantenpatroon was vergelijkbaar met dat van een langkieler en ook hier werden V-vormige spanten toegepast als garantie voor comfortabel zeilen, matige bewegingen en rust benedendeks. Deze boten waren ook uiterst zeewaardig, maar bovendien sneller vanwege hun kleinere natte oppervlak. Ze voeren ook beter op de motor, zelfs achteruit.

Een lange vinkiel is redelijk gemakkelijk te sturen omdat, hoewel de boot met minder stuurkracht weer op koers kan worden gebracht, de kiel toch nog genoeg oppervlakte heeft om de boot goed rechtuit te laten varen. Bij dit ontwerp is er minder stuurkracht nodig dan bij een langkieler omdat het roerblad onder de scheg een balansdeel heeft. Boten met vinkiel en scheg zijn even geschikt voor een stuurautomaat als voor een windvaanstuurinrichting.

De configuratie vinkiel en scheg is duidelijk de voorkeursoptie voor de grote vloot zeilers die jaarlijks op weg naar een warmer klimaat de bottleneck van de Canarische Eilanden passeert. Alle klassieke toerboten, van Hallberg Rassy, Moody, Najad, Nicholson, Oyster, Amel en Westerley vallen in deze categorie. Eén keer aan de grond lopen, één aanvaring met drijvende objecten of de eerste storm is genoeg om iedere zeiler te overtuigen van het belang van die sterke scheg die het roer steun geeft en beschermt.

Diepe vinkiel en balansroer

Deze configuratie geeft hogere snelheden en een betere manoeuvreerbaarheid in de haven en is tegenwoordig heel algemeen. De spanten zijn in de boegsectie trapeziumvormig en meer naar achteren breed en plat, een ontwerp dat veel waterlijnlengte (en dus snelheid) geeft en dat

100

gemakkelijk surft, maar dat minder comfort geeft aan boord. Deze boten snijden niet door de golven maar slaan daarentegen hard op het water. Ze zijn lawaaierig en oncomfortabel om in te zeilen, maar omdat het verschil in comfort pas op langere reizen duidelijk wordt, merkt de gemiddelde zeiler er waarschijnlijk niet veel van.

Gelet op het kleine bevestigingsoppervlak tussen de kiel en de romp en het volledig onbeschermde roer is het verbazend dat sommige schippers bereid zijn om voor een lange oceaanreis te vertrekken zonder zelfs maar een noodroer aan boord te hebben.

Boten met een vinkiel zijn gemakkelijk met een windvaan te sturen aangezien deze boten snel op het roer reageren. De stuurimpulsen worden daardoor snel vertaald in koerscorrecties. Hetzelfde geldt voor stuurautomaten, hoewel sommige kielboten gevoelig zijn voor gieren en daardoor de intelligentie van de elektronica tot het uiterste op de proef stellen.

Windvaansystemen zijn niet geschikt voor jachten die zijn ontworpen om te planeren: (zie *Waar windvaanbesturing ophoudt*, p.117): alleen stuurautomaten en hydraulische pompen volgens de hoogste specificaties hebben de kracht en de snelheid die nodig zijn om deze jachten op koers te houden.

De lijnen van de romp van deze Sparkman & Stephens staan garant voor comfortabel zeilen

De zeewaardigheid van klassieke Colin Archerjachten staat buiten kijf: een Hans Christian ten anker in Chesapeake Bay in 1996

Een Concordia
van Abeking &
Rasmussen in
Rockport Marina,
Mine, in 1996

Midzwaard of interne ballast

Boten van dit ontwerp, waarbij de ballast hoger ligt, ontlenen hun stabiliteit aan hun breedte. Ze zijn breder dan andere ontwerpen en gevoeliger voor trim. Bij een grotere helling neemt de loefgierigheid bijna altijd sterk toe, hetgeen aan beide zelfstuuropties hoge eisen stelt.

De romp heeft in het algemeen in de boegsectie trapeziumvormige spanten, wat minder comfort op zee betekent. Een aantal boten op de Franse markt heeft een klein trimroer in aanvulling op de interne ballast en is daardoor gemakkelijker te trimmen.

De rompvorm van een modern jacht met een balansroer: snel maar niet bijzonder comfortabel

De kiel en het roer van deze Dehler 36 raken bij aan de grond lopen
gemakkelijk beschadigd

Boten met interne ballast doen het op
ruimwindse koersen goed. Een
tweede midzwaard vergemakkelijkt
het trimmen. Deze Franse Via 43,
Octopus, deed een wereldomzeiling
met een Windpilot Pacific.

Multihulls

Catamarans

Catamarans hebben een relatief lange waterlijnlengte en in het geheel geen ballast, en hebben daardoor een grote koersstabiliteit. De druk op het roer is relatief laag, dus zijn ze gemakkelijk te sturen.

In vlagen accelereren echter ze veel sneller dan een monohull, waardoor de schijnbare windhoek plotseling en sterk varieert. Het omgekeerde geldt als de wind wegvalt: de vaart gaat er snel uit waardoor de wind achterlijker inkomt. Het principe is als volgt: als een monohull in een vlaag komt, krijgt deze helling en de vaart neemt iets toe, zodat de schijnbare wind maar iets voorlijker inkomt. Een multihull helt niet maar accelereert snel: de schijnbare wind komt dan opeens veel voorlijker in.

Dit verklaart waarom catamaranzeilers uitsluitend op een stuurautomaat vertrouwen. Op lange reizen kan een windvaanstuurinrichting echter nuttig zijn.

Een servo-pendulumsysteem kan een catamaran perfect sturen. Door het grote snelheidspotentieel kan het pendulumroer veel stuurkracht genereren. Zolang de windkracht en de windhoek constant blijven, functioneert de windvaan goed als stuurimpulsgenerator. Bij vlagerige of draaiende wind werkt het minder: de windvaan is dan veel te onrustig. In deze omstandigheden kan de windvaan worden weggehaald en worden vervangen door een kleine stuurautomaat (kuipstuurautomaat).

Deze 15 m. catamaran in Las Palmas zeilde rond de wereld met een Windpilot Pacific.

Een servo-pendulumsysteem kan duidelijk alleen goed functioneren als de stuurkrachtoverbrenging naar het hoofdroer soepel verloopt. Op een catamaran is gewoonlijk de afstand tussen het stuurwiel en de achterstevens erg groot. Het is hier geen optie de stuurlijnen via een wieladapter naar een stuurwiel te leiden. De koppeling aan de noodhelmstok werkt alleen als de wielbesturing kan worden afgekoppeld; dit houdt uiteraard in dat de roerganger in geval van nood de noodhelmstok gemakkelijk moet kunnen bereiken om daarmee te sturen.

Een betere oplossing is om de mechanische verbinding tussen de beide roeren los te nemen, waarbij het ene roer voor handmatig sturen aan het stuurwiel blijft gekoppeld en het andere roer via de noodhelmstok en de stuurlijnen door het servo-pendulumsysteem wordt bediend. Hydraulische stuurinrichtingen kunnen op dezelfde wijze aan de vaan worden gekoppeld.

Hulproersystemen en dubbelroersystemen zijn voor catamarans ongeschikt. De achterste dwarsboom zit hoog boven het water zodat het moeilijk is om de vaan voldoende dicht op het water te monteren. Zelfs indien dit wel mogelijk zou zijn, is het hulproer erg kwetsbaar voor aanvaringsschade met drijvende voorwerpen

Trimarans

Tuig: sloep, kotter, yawl of kits.

Traditionele langkieljachten waren vaak yawl- of kitsgetuigd om een evenwichtiger zeilplan te krijgen. Vooral in zwaar weer was het met alleen het voorzeil moeilijk om de boot op koers te houden: door de grotere snelheid en de helling verplaatste het lateraalpunt zich dramatisch naar voren, waardoor de loefgierigheid sterk toenam, hetgeen met een bezaan moest worden gecompenseerd. Het enkele roer van een trimaran is veel gemakkelijker te bedienen dan het dubbele van een catamaran. Zolang de boot een helmstok heeft of een mechanische wielbesturing, kan een servo-pendulumsysteem worden gebruikt. Een hulproersysteem is minder geschikt omdat het aangehangen roer op de meeste trimarans de plaatsing van het hulproer bemoeilijkt. Dit type windvaan heeft bovendien niet genoeg kracht om de snelheden aan te kunnen die met een trimaran kunnen worden gehaald. Een dubbelroersysteem is totaal ongeschikt. De twee roeren van het systeem zouden meteen achter het aangehangen hoofdroer moeten worden geplaatst en het hulproer zou daardoor te dicht bij het hoofdroer zitten.

Tuig: sloep, kotter, yawl of kits.

Traditionele langkieljachten waren vaak yawl- of kitsgetuigd om een evenwichtiger zeilplan te krijgen. Vooral in zwaar weer was het met alleen het voorzeil moeilijk om de boot op koers te houden: door de grotere snelheid en de helling verplaatste het lateraalpunt zich dramatisch naar voren, waardoor de loefgierigheid sterk toenam, hetgeen met een bezaan moest worden gecompenseerd

Boten met een yawltuig zijn altijd een streling voor het oog; dit fraaie traditionele jacht lag in Newport, Rhode Island in 1996

Tegenwoordig hebben zeegaande jachten meestal een vinkiel en een scheg (het roer los van de kiel), waarbij het roer met de scheg vrij ver naar achteren zit. Hun lateraalpunt verschuift niet zo sterk als gevolg van grotere bootsnelheid of meer helling; ze blijven goed op koers en hebben geen tweede mast nodig. Alle tegenwoordige rompvormen zeilen onder alle omstandigheden goed zonder een tweede mast.

Een bezaan die over de spiegel steekt, is problematisch voor een windvaan

Een bezaan die niet uitsteekt, is veel gemakkelijker

Een bezaanstagzeil mag dan wel een probleemloos en effectief zeil zijn, maar een tweede mast kost geld en geeft extra gewicht bovenin. Bovendien wordt een bezaan toch zelden gebruikt omdat deze op typische passaatkoersen meer loefgierigheid oplevert dan extra snelheid. Meestal doet een bezaan afbreuk aan de goede werking van de windvaan, die immers een ongestoorde luchtstroom nodig heeft, en bovendien verhindert dat deze onbelemmerd kan draaien. De meeste argumenten voor een tweede mast berusten op andere, minder relevante factoren: een bezaanmast is handig voor de plaatsing van antennes en radar en, het belangrijkst van alles, twee masten zijn zo fotogeniek!

Het kottertuig is waarschijnlijk het beste compromis tussen goede stuureigenschappen en gemakkelijke hanteerbaarheid van de boot. Het kan voor vrijwel elk boottype goed getrimd worden en de verdeling van het totale zeiloppervlak over meer relatief kleine zeilen maakt het zelfs voor kleine bemanningen gemakkelijk om de boot te hanteren. Kottergetuigde masten hebben ook een belangrijk voordeel uit het oogpunt van veiligheid: de twee extra stagen, bakstag en kotterstag, maken het risico van ontmasting aanmerkelijk kleiner en dat geeft in extreme omstandigheden veel vertrouwen.

Zwemtrappen, zwemplatforms en davits

De aanwezigheid van een zwemtrap midden op de spiegel maakt het minder gemakkelijk om een windstuurvaan te plaatsen, maar de zwemtrap is helemaal niet per se zo belangrijk op lange reizen als sommigen denken. Het idee dat een zwemtrap essentieel is om een overboord gevallen bemanningslid weer aan boord te krijgen klinkt in theorie goed, maar de meeste MOB-situaties onstaan als de zee ruw is, de boot wild beweegt en het erg gevaarlijk is om onder de spiegel te komen. Het bemanningslid kan in deze omstandigheden beter aan de zijkant weer aan boord worden gehaald. Het is praktisch om aan beide zijden midscheeps een opvouwbare zwemtrap in een plastic container paraat te hebben.

Ideale combinatie van zwemplatform en windvaan op een Roberts 53.

Een zwemplatform is tijdens een lange reis de perfecte plaats om op de ankerplaats in en uit je bootje te stappen. Idealiter moet het ongeveer 50 cm. boven water zitten. Op moderne Franse ontwerpen is een zwemplatform standaard en tijdens een lange reis merk je pas hoe veel je er aan hebt! Als je je een paar keer via de zwemtrap met jerrycans brandstof of boodschappen aan boord hebt geworsteld, word je al snel erg jaloers op het zwemplatform van je buren. Met een goede planning is het heel goed mogelijk om zowel een windvaan als een zwemplatform te installeren.

Op deze HR41 in Pepeete gaan davits en een Windpilot Pacific heel goed samen.

Een Ovni 43 in Las Palmas is klaar voor een lange oversteek

Een windvaan en davits kunnen heel goed samengaan. Een opblaasboot zal tijdens een lange reis het grootste deel van de tijd gesjord aan dek liggen of beneden zijn opgeborgen. Het zou onverantwoordelijk zijn om de bijboot tijdens een oceaanoversteek aan de davits te hebben, blootgesteld aan slecht weer en hoge zeeën, en zonder de dinghy in de weg heeft de windvaan alle ruimte. Moderne windvaansystemen kunnen snel en gemakkelijk worden weggenomen; het is dus heel eenvoudig om, al naar gelang van de situatie, de windvaan voor de bijboot in te wisselen. Het pendulumroer is het enige onderdeel van de Pacific Plus dat de bijboot in de weg zou kunnen zitten, en deze kan door maar één bout los te draaien worden weggenomen. Het hulproer zit de bijboot absoluut niet in de weg.

Als men het voorgaande in aanmerking neemt is het mogelijk om een zwemplatform, davits, een uit het midden geplaatste zwemtrap en een windvaan te combineren én van elk optimaal profijt te hebben. Al deze zaken hebben hun eigen nuttige rol tijdens een lange reis en het zou jammer zijn om ervan te moeten afzien. Met een goede planning kan een Pacific Plus zelfs gedeeltelijk in het zwemplatform worden geïntegreerd, waarmee ook nog een bescherming van het hulproer ontstaat bij het achteruitvaren. Zelfs het pendulumroer zou beschermd kunnen zijn: als dat in gebruik is heeft het een achterwaartse helling omlaag van 10°, en als het uit het water is gehaald, heeft het een zelfde hoek omhoog en voorwaarts. Als het zwemplatform verder uitsteekt dan de schacht, vormt het een bescherming onder het omhooggeklapte pendulumroer.

De plaatsing van de verschillende antennes verdient eveneens aandacht. Een antennebeugel met geïntegreerde davits zoals die door de Franse Garciawerf wordt voorgestaan is een ideale oplossing, waarmee de antennes van GPS, Inmarsat, radar en VHF, en de zonnepanelen en de windmolen ongeveer 2 m. boven het dek komen te staan. Hiermee staan ze de bemanning niet in de weg en is een goede ontvangst verzekerd, wordt de weg van de antennekabels kort gehouden en, misschien wel het allerbelangrijkst, zijn de gevoelige antennes beschermd tegen onhandige bemanningsleden. Een GPS-antenne op de achterpreekstoel wordt altijd wel eens voor een handgreep gehouden of er gaat iemand op zitten.

Wanneer in de planfase goed rekening wordt gehouden met de gewenste plaats van de diverse onderdelen, kan altijd een praktische oplossing worden gevonden die visueel niet bezwaarlijk is. Elke toevoeging of wijziging naderhand (bijvoorbeeld davits, windmolenmast) leidt tot extra gewicht en een rommelig uiterlijk

Belangrijk: Dicht alle door de huid geboute bevestigingen met siliconenkit of sikaflex af, maar alleen aan de buitenkant. Als je ook aan de binnenkant afdicht, kun je onmogelijk meer zien of de afdichting aan de buitenkant lekt, en zal eventuele lekkage ongemerkt in het laminaat kunnen doordringen.

Op een stalen of aluminium romp moeten de steunen van een windvaan altijd door en door worden gebout. Het alternatief – versterkingsplaten buiten op de spiegel lassen zodat de bouten blind in gaten vallen – voorkomt weliswaar lekkage, maar is na een aanvaring erg moeilijk te repareren. Bovendien is het bij stalen rompen ook een bron van roest. Zowel staal als aluminium hebben voldoende sterkte om zonder extra verstevigingen een windvaan te kunnen dragen.

De montage van een windvaanstuurinrichting.

Op boten van hout, aluminium of staal levert de montage van een windvaan geen enkel probleem op aangezien alledrie de materialen voldoende plaatselijke sterkte hebben. Het is niet echt nodig om de binnenkant van de spiegel te verstevigen; de eigenaren die dat wel doen, kiezen hiervoor hoofdzakelijk vanwege hun gemoedsrust.

De binnenkant van de spiegel van een composietromp heeft echter geen structurele verstevigingen. Afhankelijk van de betreffende boot en het te installeren systeem (gewicht, de spreiding van de belasting door de montagesteun) is een versterking daar waarschijnlijk noodzakelijk. Een polyester romp met een spiegel van sandwichlaminaat moet altijd aan de binnenkant rondom de bevestigingspunten met hout of iets dergelijks worden verstevigd voordat een windvaan wordt geïnstalleerd.

De grootte van de boot

Windpilot Pacific Light op een Crabber 24

De bovengrens van wat nog betrouwbaar door een windvaanstuurinrichting kan worden gestuurd, ligt bij 18 meter. Grotere boten worden haast uitsluitend door een elektronisch systeem gestuurd; de zware uitrusting en de aanwezigheid van een generator rechtvaardigen het gebruik van een uiterst krachtige stuurautomaat.

De ondergrens lijkt zo'n 5 meter bootlengte te zijn, een lengte waarmee wel degelijk grote reizen zijn gemaakt. Een geschikt windvaansysteem met een gewicht van rond de 20 kg. zou voor nog kortere boten te zwaar worden

Man over boord

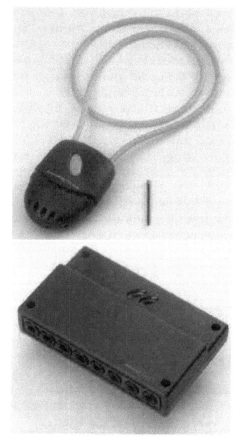

De drie modules van het
EMERGENCY GUARD SYSTEM

Alleen al in Engeland zijn in 1996 vijftig vissers verdronken nadat ze overboord zijn gevallen, gemiddeld bijna één per week. Overboord vallen is een nachtmerrie voor iedere zeiler en iedere zeevarende. Het is een nachtmerrie die vaak werkelijkheid wordt, soms op spectaculaire wijze zoals in de Vendée Globe van 1996, maar veel vaker onopgemerkt door het grote publiek, maar daarmee niet minder pijnlijk voor de achterblijvenden. Het komt maar zelden voor dat een beschermengel de ongelukkige weer uit het water plukt.

Met een wereldwijd systeem van noodalarmering en reddingsacties wordt getracht om een zeevarende in nood te helpen voordat kou en ontbering hun tol eisen. Waarschijnlijk is er niets dat meer gevoelens van eenzaamheid en angst teweeg brengt dan in het kielzog van je eigen boot te liggen terwijl die verder zeilt richting horizon. Internationaal wedijveren producenten van maritieme veiligheidsmiddelen al jarenlang om een methode te ontwikkelen die een boot op de stuurautomaat kan stoppen.

In 1996 kwam in Duitsland het Emergency Guard-systeem voor stuurautomaten op de markt. Elk bemanningslid draagt een bedieningsapparaatje met een knop en een sensor bij zich. Als hij op de knop drukt of als de sensor onder water komt, zendt het apparaatje een signaal naar de stuurautomaat dat het schip in de wind laat sturen. De stuurautomaat heeft een speciale clinometer die ervoor zorgt dat hij in de wind stuurt en niet er van af. Het voorzeil komt bak te staan en zodra de clinometer een helling over de andere boeg waarneemt, geeft de stuurautomaat maximaal roer naar de andere kant, waardoor de boot wordt bijgelegd. In de praktijk betekent dit dat de boot binnen 5 seconden na het signaal in de wind draait en, afhankelijk van de snelheid en het soort boot, binnen de volgende 30 seconden stil ligt.

Het systeem kan ook zodanig worden aangesloten dat het nog vier andere taken kan uitvoeren, namelijk:
1. Het bekrachtigen van de stopknop van de motor;
2. Het in werking stellen van een geluidsalarm of de MOB-functie op de navigatie-instrumenten ;

110

3. Het activeren van een automatische reddingsmodule (reddingboei met lijn die met springstof wordt gelanceerd) ;
4. Het activeren van een EPIRB .

EMERGENCY GUARD bestaat uit drie onderdelen:

1. Een drukknop die met een lus om de nek wordt gedragen. De lus is tevens antenne. Het signaal is gecodeerd om te voorkomen dat het systeem onbedoeld door een andere bedieningseenheid wordt ingeschakeld en heeft een bereik van ongeveer 600 meter.
2. Een controller die het signaal ontvangt en doorgeeft. Deze kan behalve door het signaal ook met de hand worden bediend.
1. Een sensor die benedendeks is gemonteerd en die de manoeuvre regelt. De clinometer is uiterst gevoelig, dus bij de installatie moet deze zorgvuldig waterpas worden gemonteerd

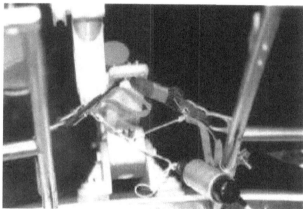

Relaisbediende schakelaar van EMERGENCY GUARD op een Windpilot Pacific

Het systeem is ook geschikt voor multihulls, aangezien de clinometer zo gevoelig is dat deze zelfs de kleinste helling als gevolg van winddruk registreert en daarbij de bewegingen van de boot elimineert. Zelfkerende voorzeilen moeten worden vastgezet, anders kunnen deze niet bak komen te staan.

Samen met Windpilot heeft EMERGENCY GUARD een oplossing ontwikkeld die kan worden toegepast op de Pacific servo-pendulumstuurvaan. Het signaal van de drukknop wordt doorgegeven aan een relaisbediende schakelaar die de windvaan van het hoofdroer loskoppelt, waardoor de boot in de wind zal draaien en stil zal komen te liggen

Samenvatting

Elke windvaanstuurinrichting heeft al naar gelang van de technologie die is toegepast zijn eigen duidelijke beperkingen. Afhankelijk van de hefboom en dempingeigenschappen zullen sommige systemen het langer uithouden dan andere, maar vroeg of laat zullen ze allemaal de macht over het roer prijsgeven. Dit moment kan worden uitgesteld door tijdig te reven waardoor er minder tegenroer nodig is. Een systeem met voldoende stuurkracht en demping en dat over een goede stuurkrachtreserve beschikt zal altijd betere resultaten geven dan één waarbij voortdurend handmatig ingrijpen nodig is om het hoofd te bieden aan de veranderende weer- en zeeomstandigheden. Hoewel normaal gesproken een boot maar weinig roerdruk nodig heeft om op koers te blijven, weet iedere zeiler hoe snel dit kan veranderen in zwaar weer of in de passaat.

De perfecte windvaan is gevoelig genoeg om met licht weer te kunnen sturen en krachtig genoeg om zwaar weer aan te kunnen. Hulproersystemen, die weinig of geen servokracht hebben, laten het dan naar verhouding snel afweten. De enorme stuurkrachtreserve van servo-

111

pendulum en dubbelroersystemen maakt dat de bandbreedte aan weersomstandigheden waarin deze nog effectief sturen, veel groter is. De keuze van een verkeerd systeem betekent dat je met de hand moet sturen of je reis moet afbreken!

Vanuit het oogpunt van de bemanning is de beste keuze een systeem dat optimale sturing geeft zonder voortdurend handmatig ingrijpen nodig te hebben: een gesloten systeem. Hoe meer en hoe ingrijpende handmatige aanpassingen nodig zijn, des te groter is de kans op (menselijke of mechanische) fouten. Idealiter hoeft de bemanning zich uitsluitend met de zeiltrim en de boot bezig te houden en kan het sturen aan de windvaan worden overgelaten.

Terwijl de windvaan voor de besturing zorgt, is er aan boord van deze Nederlandse Judel Frolic 47 ruim tijd om de zeilen te trimmen.

⚜ 7 ⚜
Combinaties van systemen

De combinatie van stuurautomaat en windvaan

Tegenwoordig heeft bijna elke boot een stuurautomaat. Dit is een goede optie voor alledaags gebruik tijdens weekeinde en vakanties, maar naarmate de geplande reis langer is, winnen de argumenten vóór windvaanbesturing, zeker als er met een kleine bemanning wordt gevaren, en absoluut als er sprake is van een oceaanoversteek. Uiteindelijk is ongetwijfeld de beste oplossing voor open zee om zowel een stuurautomaat als een windvaan te hebben.

Er is een opmerkelijk ingenieuze manier om de voordelen van de twee systemen te combineren die, hoewel er in vrijwel alle belangrijke zeilbladen herhaalde malen in detail over is geschreven, nog door de meeste zeilers over het hoofd wordt gezien. Als je een kleine stuurautomaat (b.v. een Autohelm 800) op het contragewicht van een servo-pendulumsysteem zet, kan deze als stuurimpuls worden gebruikt in plaats van de windvaan. De versterking en de overbrenging van de stuurkracht blijven op dezelfde manier plaatsvinden. De stuurautomaat kan nu de boot met een uiterst laag stroomverbruik op een kompaskoers sturen omdat alleen maar de kracht hoeft te worden opgebracht die de windvaan anders geeft (de kracht die nodig is om het pendulumroer te draaien). De stuurkracht van de kleine Autohelm 800 wordt door de servokracht van het pendulumroer vele malen vergroot. Hierdoor levert de Autohelm voldoende stuurkracht om het hoofdroer van een 25-tonner de baas te kunnen. Deze combinatie is bijzonder nuttig in geval van licht weer en vóór de wind zeilen in een hoge achteropkomende zee: de vaan krijgt onvoldoende wind om een goede stuurimpuls te kunnen geven maar er is genoeg snelheid om servokracht te ontwikkelen.

Synthese van stuurautomaat en windvaanbesturing met afstandsbediening: ideaal voor zeilen met een kleine bemanning

Een combinatie van Autohelm en Windpilot Pacific Plus op een Nicholson 48.

De synthese van stuurautomaat en windvaan is een praktische manier om de natuurkundige constanten tussen input en output en stroomverbruik/stuurkracht, zoals uiteengezet in hoofdstuk 3 (*stuurautomaten*) te omzeilen.

Aan vrijwel alle windvaanstuurinrichtingen kan op deze manier een stuurautomaat worden gekoppeld.

Hulproersystemen:

De stuurautomaat wordt op de kleine noodhelmstok gezet, maar er is geen sprake van een servo-effect aangezien in dit systeem de windvaan, en dus ook de stuurautomaat, het hulproer rechtstreeks aanstuurt. Deze opstelling is alleen zinvol als een kuipstuurautomaat niet rechtstreeks op het hoofdroer kan worden gezet, bijvoorbeeld omdat dit een stuurwiel heeft. Bij het varen op de motor zal een stuurautomaat op de noodhelmstok vaak last hebben van vibraties, omdat het hulproer in de turbulentie van de schroef hangt.

Servo-pendulumsystemen:

Bij deze systemen geeft de combinatie de beste resultaten en is ze het gemakkelijkst te realiseren. De kleine pin om de stuurstang van de stuurautomaat op te zetten kan overal op de windvaan of op het contragewicht worden gezet. De maximale uitslag van de windvaan of het contragewicht moet groter zijn dan die van de stuurautomaat (Bij Autohelm en Navico is die 25 centimeter), anders kan de windvaan beschadigen als de stuurautomaat maximaal roer wil geven.

Dubbelroersystemen:

Hierbij geeft de combinatie van systemen een nog groter voordeel. Het roer van de te sturen boot – gewoonlijk een vrij grote boot - wordt gebruikt voor de nauwkeurige instelling van de koers, zodat er nog minder druk op de zelfstuurinrichting is en deze nog preciezer werkt

De kleine Autohelm 800 stuurautomaat is in principe geschikt voor al deze toepassingen, maar het gemak van een afstandsbediening is een heel aantrekkelijk punt bij de Autohelm 1000, de kleinste stuurautomaat met deze optie, en de Navico TP 100.

Jarenlange ervaring heeft steeds weer uitgewezen dat veel zeezeilers, met name degenen met nog niet zoveel zeemijlen onder de kiel, aanvankelijk alleen een stuurautomaat willen installeren. Ze kiezen vanwege de veiligheid en de betrouwbaarheid voor een zeer krachtig en robuust systeem. Na een paar dagen op zee, vaak nog voordat ze de havens met goede voorzieningen al te ver achter zich gelaten hebben, komen ze tot inkeer. Soms zijn een paar nachtelijke wachten op de oceaan al genoeg om bij de bemanning een sterk verlangen op te wekken naar het comfort en de rust van een windvaanstuurinrichting.

Veel jachteigenaren komen uiteindelijk tot de conclusie dat ze onnodig hebben geïnvesteerd in een krachtige stuurautomaat; tenslotte is de wind een betere roerganger. Ze zetten een kleine kuipstuurautomaat op de windvaan voor in de doldrums en zijn vervolgens op alles voorbereid. De combinatie van windvaan en kuipstuurautomaat kan bovendien vaak voor minder geld worden aangeschaft dan een inbouwstuurautomaat.

114

In één oogopslag

Systemen vergeleken: stuurautomaten versus windvaanstuurinrichtingen

Dit zijn de voor- en nadelen die we hebben geconstateerd:

Stuurautomaten: voordelen

? Onzichtbaar
? Compact
? Eenvoudig te bedienen
? Kan worden geïntegreerd met de navigatie-instrumenten
? Gunstig geprijsd (kuipstuurautomaten)
? Niet hinderlijk tijdens varen op de motor
? Altijd gebruiksklaar.

Stuurautomaten: nadelen

? Stuurimpuls van het kompas
? Verbruikt elektriciteit
? De windsensor is niet ideaal
? Traag in de reactie
? Lawaai
? Technische betrouwbaarheid twijfelachtig
? Beperkte levensduur van de onderdelen van de overbrenging
? Stuurt slechter naarmate wind en zee toenemen
? Grotere belasting op de roerlagering (de arm van een roerganger geeft een beetje mee en absorbeert zo de schokken van de helmstok; de stuurstang daarentegen blijft star, dus moeten de lagers de schokken opvangen).

Windvaanbesturing: voordelen

? Stuurimpuls wordt aan de wind ontleend
? Verbruikt geen elektriciteit
? Stuurt beter naarmate wind en zee toenemen
? Reageert onmiddellijk
? Geruisloos
? Mechanisch betrouwbaar
? Solide constructie
? Hulproer = noodroer
? Lange levensduur

Windvaanbesturing: nadelen

? In windstilte onbruikbaar
? Afwijkingen mogelijk
? Sommige systemen zijn lastig tijdens het varen op de motor
? Zwemtrap zit soms in de weg (servo-pendulumsysteem)
? Opvallend
? Soms moeilijk te installeren.

Stuurautomaat versus windvaanstuurinrichting

De verschillen:

	stuurautomaat	windvaanstuurinrichting	combinatie
Datanetwerk	Mogelijk	Niet mogelijk	Mogelijk
Stuurimpuls	Kompas	Wind	Kompas en wind
Stuurkracht	Constant in kracht en snelheid	Neemt toe	Beide
Stuurkwaliteit	Wordt slechter bij toenemende wind en zee	Wordt beter bij toenemende wind en zee	Beide
Duur		Stuurt onafgebroken	Beide
Gierhoek	Af en toe onderbreken om stroomverbruik te beperken	Afhankelijk van systeem	Beide
Gebruiksgemak		Zorgvuldig instellen	Idem
	Handmatig instelbaar		
	Knoppen		

Waar zelfsturing ophoudt

Geen enkele zelfstuurinrichting kan de boot te allen tijde en onder alle omstandigheden onder controle houden. De bruikbaarheid van de verschillende systemen die we hebben besproken, kan worden uitgebreid door zorgvuldig te trimmen en op tijd te reven, dat wil zeggen door de helling beperkt te houden en daarmee de hoeveelheid tegenroer die nodig is om de boot op koers te houden. Deze maatregelen leveren bijna altijd meer snelheid op terwijl tegelijk het zelfstuursysteem beter gaat presteren.

Een windvaanstuurinrichting gaat beter presteren naarmate de wind toeneemt en de zee opbouwt

Elk zelfstuursysteem heeft zijn eigen prestatieprofiel; onder gelijke omstandigheden levert het altijd dezelfde stuurkracht. Verschillen in prestatie komen voort uit de eigenaardigheden van het schip en hangen met name af van de bereidheid van de bemanning om de zeilen goed te trimmen (waarvoor ze in het algemeen volop tijd en gelegenheid hebben).

Het belang van de zeiltrim
Een slechte trim van de zeilen is voor beide types zelfstuursystemen even schadelijk. Voor een stuurautomaat betekent het meer druk op het hoofdroer, een zwaardere belasting (omdat veel meer krachtige roerbewegingen nodig zijn) en, als gevolg daarvan, een groter stroomverbruik. De reserves van het systeem nemen af en het gieren neemt toe; de stuurautomaat raakt eerder overbelast.

Een slechte zeiltrim tast ook de reserves van een windvaanstuurinrichting aan. Slecht getrimde zeilen maken de boot loefgierig : zeilen met aangetrokken handrem.

De huidige situatie

We hebben nu alle verschillende systemen besproken die tot op heden zijn ontwikkeld. Na 30 jaar zijn de volgende opties op de markt:

Stuurautomaat
? Kuipmodel
? Inbouwmodel

Windvaanstuurinrichting:
? Hulproersysteem
? Servo-pendulumsysteem
? Dubbelroersysteem

Combinaties van stuurautomaat en windvaanbesturing

De keuze van het systeem wordt bepaald door criteria samenhangend met de grootte van de boot. Hiertoe worden boten als volgt ingedeeld:

Lengte
? Tot 9m.
? Tot 12 m.
? Tot 18 m.
? Groter dan 18 m.

Rompvorm
? Lange kiel
? Lange vinkiel en scheg
? Diepe vinkiel en balansroer
? Midzwaard en interne ballast
? ULDB
? Multihull

Snelheidspotentieel
? Kan de boot planeren?

Besturing
? Helmstok
? Wiel, mechanisch
? Wiel, hydraulisch

Plaats van de kuip
? Achterkuip
? Middenkuip

Gebruik
- ? Vakanties en weekeinden
- ? Kustzeilen
- ? Oceaanzeilen
- ? Wedstrijdzeilen

Op deze Nederlandse 40voets Carena wordt dankzij zelfsturing ontspannen gezeild.

Trends

Tegenwoordig heeft 80 tot 90 % van alle zeegaande zeiljachten een stuurautomaat. Raytheon, fabrikant van de Autohelm serie, heeft wereldwijd het grootste marktaandeel. Het bedrijf heeft veel bijgedragen tot de ontwikkeling van stuurautomaten voor jachten en is marktleider op het gebied van kuipstuurautomaten. Op het gebied van inbouwstuurautomaten deelt het deze positie met de Noorse producent Robertson, die zich concentreert op stuurautomaten voor de scheepvaart en die marktleider is voor zeer grote jachten, en de Britse producent Brookes & Gatehouse.

De ontwikkeling van de simpele duwstangautomaatjes tot de computergestuurde geïntegreerde navigatiemodules die heden ten dage worden geproduceerd, heeft 20 jaar geduurd, en dit toont op een frappante manier de veranderingen aan boord aan die in minder dan één generatie hebben plaats gehad. Maar het herinnert ons er ook op een krachtige manier aan dat zelfs onze meest geavanceerde technologie is onderworpen aan de wetten van de fysica. Zoals veel zeilers ondervinden, lijken deze wetten op zee op de één of andere manier strenger te zijn.

Een defecte stuurautomaat betekent vrijwel altijd dat er met de hand moet worden gestuurd: een uitputtend vooruitzicht als het land ver weg is. Een snelle blik op de lijst die elke november in het kantoor van de ARC in Las Palmas hangt van deelnemers die een monteur nodig hebben voor hun stuurautomaat, bevestigt hoe vaak systemen stuk gaan. De monteurs van de fabrikanten die voor het evenement vanuit Engeland komen overvliegen, hebben altijd volop werk. Veel boten hebben dan ook een reservesysteem bij zich, voor het geval dat...

Vergeleken bij de snelle ontwikkelingen op het gebied van stuurautomaten is de vooruitgang in de windvaanbesturing met een slakkengang gegaan. Veel van de systemen die vandaag op de markt zijn, hebben sinds ze voor het eerst werden geïntroduceerd geen enkele verandering ondergaan. Een mogelijke verklaring hiervoor is het feit dat de meeste fabrikanten te klein zijn om nieuwe projecten te financieren, met name nu research en ontwikkeling zulke hoge kosten met zich meebrengen. Anderzijds is er echter ook sprake van een zekere traagheid en een weerstand om een product te veranderen dat nog steeds goed verkoopt. Ten slotte doen sommige fabrikanten gewoon niet mee met productinnovatie en laten ze zich liever inspireren door de producten van diegenen die wel grensverleggend bezig zijn in deze markt. Aangezien over het algemeen de consument vrij kritisch en veeleisend is, hebben zulke na-apende fabrikanten het moeilijk op deze markt.

Dat in de zeilwereld sommigen nog steeds geloven dat Aries gewoon het allerbeste servo-pendulumsysteem is komt waarschijnlijk doordat de meeste zeilers simpelweg geen inzicht hebben in de verschillende systemen die op de markt zijn en daardoor geen goede productvergelijking kunnen maken. Alle belangrijke fabrikanten van servo-pendulumsystemen met een kegelwielkoppeling passen in feite identieke kinematische verhoudingen in de overbrenging toe. Toch verschillen hun producten aanmerkelijk qua uitvoering, productiemethode en vormgeving.

De snelle opmars van de elektrische concurrent heeft sommige fabrikanten van mechanische windvaansystemen tot nadenken gestemd, ondanks het feit dat de glossy folders, die automatische besturing voor grote zware boten beloofden voor minder dan 1 ampère, bij een groot aantal zeilers veel irritatie opwekten. Het soms verhitte debat over de voor- en nadelen van de beide systemen heeft vele jaren geduurd. Tegenwoordig hebben zeilers een veel beter beeld van de voors en tegens van alle opties en zijn ze zich goed bewust van het grote belang van een goede zelfstuurinrichting op lange reizen.

In de afgelopen 25 jaar is de definitie van wat we onder een goede windvaanstuurinrichting moeten verstaan, drastisch veranderd. In het begin had elk systeem dat een boot enigszins in de buurt van de gewenste koers kon houden, succes. Het onbeholpen uiterlijk, het grote gewicht, de moeizame bediening en de grote onderhoudsbehoefte stonden dit niet in de weg. Tegenwoordig opereren fabrikanten van windvaanstuurinrichtingen op een markt waar de klant een heel goed productinzicht heeft en waar hij alles afweegt tegen de eenvoud van een stuurautomaat: de druk op de knop!

Opvallend is dat bijna iedereen die de aanschaf van een windvaan overweegt, al een stuurautomaat heeft. Als de windvaan eenmaal is geïnstalleerd, doet die 80 % van het werk en komt als de zeilen bijstaan de stuurautomaat er nauwelijks meer aan te pas. Jimmy Cornell heeft deze bevindingen bevestigd, waarbij hij zich baseert op zijn eerder genoemde enquêtes. Over de 10 ARC-races die tot nu toe zijn gehouden, is de tendens onder jachten om beide systemen aan boord te hebben steeds duidelijker geworden. Windvaanstuurinrichtingen zijn nog altijd uiterst belangrijk om op lange onderbemande reizen betrouwbaar te kunnen sturen.

Praktische tips

Met de criteria die in dit boek zijn behandeld, is de lezer nu goed in staat om een windvaan voor zichzelf te kiezen, en hetzelfde geldt voor de keuze van een kuipstuurautomaat. Bij de keuze van een inbouwstuurautomaat is echter deskundige hulp nodig voor de berekeningen ten aanzien van roeroppervlak, roerdruk en belasting. In de regel is dit bij de belangrijke fabrikanten onderdeel van de bestelprocedure, om te kunnen bepalen welke aandrijving nodig is.

De laatste jaren heeft er op de markt voor zelfstuurinrichtingen een grote concentratie plaatsgevonden. Nog maar weinig aanbieders kunnen aan de eisen van internationale marketing voldoen, met meertalige brochures en de voortdurende aanwezigheid op de internationale bootshows, waar de aandacht en het vertrouwen van de potentiële klant moet worden verdiend.

Autohelm, B&G, Robertson, Hydrovane, Monitor en Windpilot zijn de fabrikanten die op alle Europese bootshows aanwezig zijn en een goede en snelle klantenservice bieden. Dit zijn ook de aanbieders van wie de systemen voldoende bekendheid hebben en het vertrouwen genieten dat de continuïteit van het bedrijf gewaarborgd is.

Het aantal bedrijven dat in de loop der jaren zijn deuren heeft moeten sluiten, illustreert hoe kritisch de consument in deze markt is geworden. Een goed product alleen is niet genoeg. Betrouwbaar advies en een goede persoonlijke service vormen de basis in deze delicate branche waar oprechtheid en realistische beloftes belangrijker zijn dan grote woorden, die, zodra je de haven uit bent, net zo vluchtig zijn als de wind. Schriftelijke garantie mag in een advertentie heel wat waard lijken, maar als er echt iets fout gaat, heb je er weinig aan als je er bijvoorbeeld achterkomt dat je eerst moet aantonen dat een en ander niet is te wijten aan slecht onderhoud. In zo'n situatie telt snelle en onbureaucratische assistentie, zodat de reis kan worden voortgezet; een defecte windvaan kan een reisplan heel gemakkelijk in de war schoppen. Vertraging omdat de fabrikant om geld te besparen het ene document na het andere opvraagt, wordt door de klant niet op prijs gesteld. Iedere fabrikant streeft naar goede mond-op-mond-reclame onder zeilers, en het kost jaren van goede service en ondersteuning om het nodige bestand aan tevreden klanten op te bouwen. Maar als dat er eenmaal is, verkoopt het product zich haast vanzelf!

De start van de ARC 1996 vanuit Las Palmas

In dit verband moet worden bedacht dat zelfs één enkele ontevreden klant, die tijdens zijn reis her en der zijn ongenoegen uit, al genoeg kan zijn om een vloed van negatieve publiciteit te veroorzaken die zelfs met de meest glossy paginagrote advertentiecampagne niet kan worden ingedamd. De enige manier om een goede en continue omzet te verzekeren is, een 'fanclub' in de zeilwereld te kweken: de zee tolereert geen slecht advies, en de gevolgen daarvan, bijvoorbeeld handmatig sturen omdat de automaat het begeeft, zijn niet te overzien.

Het is opmerkelijk hoe zeilers ten aanzien van garanties een gespleten persoonlijkheid lijken te hebben. Van een stuurautomaat wordt min of meer stilzwijgend geaccepteerd dat hij stuk gaat en vaak is het pas mogelijk om de beloftes van de fabrikant van verbeterde kwaliteit en duurzaamheid te beoordelen na afloop van de garantieperiode. De eisen aan een windvaanbesturing zijn in de regel veel hoger: de eigenaren verwachten vaak dat het systeem levenslang goed zal blijven functioneren. Het kleine aantal gebruikte systemen dat wordt aangeboden (behalve de kleinere systemen die worden aangeboden als de eigenaar een grotere boot koopt) duidt er op hoe tevreden klanten ook op de lange termijn zijn.

De voornaamste bedrijven op de markt hebben hun succes verdiend door duurzame producten, regelmatige aanwezigheid op bootshows en door goede referenties van veeleisende klanten. De onderstaande tabel, die de aantallen van de gebruikte windvaansystemen laat zien tijdens de laatste twee ARC-races , geeft enig idee welke systemen op dit moment populair zijn.

Windvaanstuurinrichtingen in de ARC

Systeem	1994	1995
Aries	5	7
Atoms	-	2
Hydrovane	7	7
Monitor	5	5
Mustafa	1	-
Navik	1	2
Sailomat	-	3
Windpilot	13	18

De schrijver (links) en Hans Bernwall van Monitor tijdens de London Boat Show van 1996

De distributie

In dit opzicht is de kloof tussen stuurautomaten en windvaansystemen heel erg groot. Vanwege de grote omvang van de markt worden stuurautomaten via wereldwijde distributiekanalen aangeboden waarbij direct contact tussen de fabrikant en de klant in feite niet bestaat. Alleen grote fabrikanten beschikken over de middelen om een wereldwijd servicenetwerk op te zetten en te onderhouden, hetgeen voor zeilers op een lange reis een belangrijke overweging is. De belangrijkste fabrikanten zijn op alle grote bootshows aanwezig.

Windvaanstuurinrichtingen worden bijna altijd rechtstreeks vanaf fabriek verkocht. Tussen de fabrikant en de klant bestaat gewoonlijk contact en het vertrouwen van de klant is daar vaak op gebaseerd. In het tijdperk van Inmarsat, fax, e-mail, UPS, DHL en luchtvracht is er geen uithoek in de wereld waar directe communicatie en aanvoer onmogelijk is. Fabrikant pas op! Als je product tekortschiet, kun je je nergens meer verstoppen!

Technische informatie

Technische specificaties van kuipstuurautomaten:

	Autohelm							Navico	
	A H 800	ST 1000	ST 2000	ST 4000 T	ST 4000 TGP	ST 3000	ST 4000 W	TP 100	TP 300
Voltage	12 V	12 V	12 V	12 V	12 V	12 V	12 V	12 V	12 V
Gemiddeld stroomverbruik. standby 25 % duty	0.06 A 0.5 A	0.06 A 0.5 A	0.06 A 0.5 A	0.06 A 0.7 A	0.06 A 0.7 A	0.06 A 0.7 A	0.06 A 0.75 A	0.06 A 0.5 A	0.06 A 0.5 A
Snelheid van aanslag tot onbelast 20 kg belasting 40 kg belasting	6.7 sec 9.6 sec -	6.7 sec 9.6 sec -	4.1 sec - 6.4 sec	3.9 sec - 5.8 sec	4.3 sec - 5.5 sec	- - -	- - -	6.5 sec 9.0 sec -	4.2 sec 6.0 sec -
Kracht aandrijving	57 kg	57 kg	77 kg	84 kg	93 kg	-	-	65 kg	85 kg
Uitslag stuurstang	25 cm	25 cm	25 cm	25 cm	25 cm	-	-	25 cm	25 cm
Wielsnelheid	-	-	-	-	-	3.3 rpm	5.5 rpm	-	-
Max. wielmoment	-	-	-	-	-	70 Nm	75 Nm	-	-
Max. toeren	-	-	-	-	-	up to 3.5	up to 3.5	-	-
afstandsbediening	-	+	+	+	+	+	+	+	+
Geschikt voor boten tot	2 t	2 t	3.5 t	5.5 t	9 t	5.5 t	6.5 t	2.8 t	5.5 t
Prijs									

De 12 types windvaanstuurinrichtingen

1 Windvaan alleen V-vaan

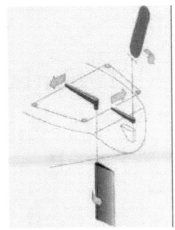

2 Windvaan alleen H-vaan

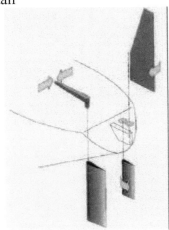

3 Hulproer V-vaan

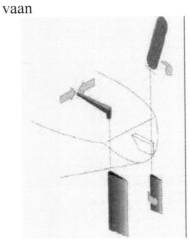

4 Hulproer H-vaan

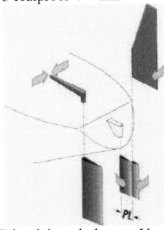

5 Trimvlak op hulproer V-vaan

6 Trimvlak op hulproer H-vaan

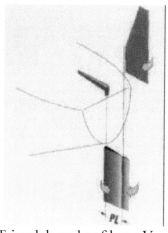

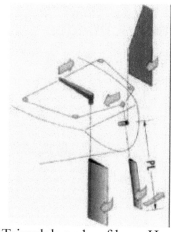

7 Trimvlak op hoofdroer V-vaan

8 Trimvlak op hoofdroer H-vaan

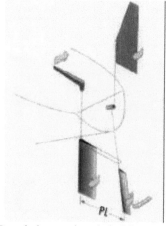

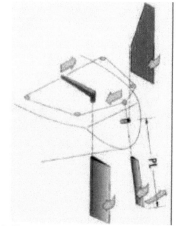

9 Pendulum trimvlak V-vaan

10 Servo-pendulum V- vaan

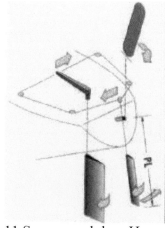

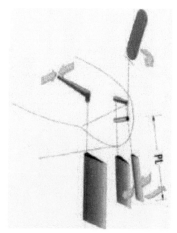

11 Servo-pendulum H - vaan

12 Dubbelroer H- vaan

Overzicht van de 12 types systemen

Type	Merk	Land van herkomst	Vaan type	Servo kracht	Hefboom	Conische tandwielko-peling	Bootlengte	Nog in productie
Alleen vaan	Windpilot Nordsee	Dld	V	Nee	0	Nee	< 6m/20ft	nee
Alleen vaan	QME	GB	H	Nee	0	Nee	< 7m/23ft	nee
Hulproer	Windpilot Atlantik 2/3/4	Dld	V	Nee	0	Nee	< 10m/33ft	nee
	Windpilot Caribic 2/3/4	Dld	V	Nee	0	Nee	< 10m/33ft	nee
Hulproer	Hydrovane	GB	H	Nee	0	Nee	< 15m/49ft	ja
	Levanter	GB	H	Nee	0	Nee	< 12m/39ft	nee
Trimvlak/hulproer	RVG	USA	V	Ja	< 25cm/10in	Nee	< 12m/39ft	nee
Trimvlak/hulproer	Autohelm	USA	H	Ja	< 25cm/10in	Nee	< 12m/39ft	ja
	BWS Taurus	NL	H	Ja	< 20cm/8in	Nee	< 15m/49ft	ja
	Mustafa	I	H	Ja	< 20cm/8in	Nee	< 18m/60ft	ja
Trimvlak/hoofdroer	Hasler trim tab	GB	V	Ja	< 50cm/20in	Nee	< 12m/39ft	nee
	Windpilot Pacific trim tab	Dld	V	Ja	< 50cm/20in	Nee	< 12m/39ft	nee
Trimvlak/hoofdroer	Atlas	F	H	Ja	< 50cm/20in	Nee	< 10m/33ft	nee
	Auto-Steer	GB	H	Ja	< 50cm/20in	Nee	< 12m/39ft	ja
	Viking Roer	Zw	H	Ja	< 50cm/20in	Nee	< 12m/39ft	nee
Trimvlak/servo-pendulumroer	Saye's Rig	USA	V	Ja	< 100cm/39in	Nee	< 18m/60ft	ja
	Quartermaster	GB	V	Ja	< 100cm/39in	Nee	< 10m/33ft	nee
servo-pendulumroer	Hasler	GB	V	Ja	< 150cm/59in	Nee	< 12m/39ft	nee
	Schwingpilot	Dld	V	Ja	< 50cm/20in	Nee	< 12m/39ft	nee
	Windpilot Pacific Mk I	Dldr	V	Ja	< 140cm/55in	Ja	< 14m/46ft	nee
servo-pendulumroer	Aries Standard	GB	H	Ja	< 190cm/75in	Ja	< 18m/60ft	ja
	Aries Lift-Up	GB	H	Ja	< 190cm/75in	Ja	< 18m/60ft	nee
	Aries	GB	H	Ja	< 190cm/75in	Ja	< 18m/60ft	nee
	Circumnavigator	F	H	Ja	< 140cm/55in	Nee	< 12m/39ft	nee
	Atoms	F	H	Ja	< 140cm/55in	Nee	< 12m/39ft	nee
	Atlas	GB	H	Ja	< 160cm/63in	nee	< 15m/49ft	ja
	Auto-Steer	E	H	Ja	< 139cm/51in	nee	< 12m/39ft	ja
	Bogassol	NL	H	Ja	< 120-150cm/47-59in	ja	< 12m/39ft	ja
	Bouvaan	Can	H	Ja		nee	< 14m/46ft	ja
	Cap Horn	NZ	H	Ja	< 120-150cm/47-59in	nee	< 18m/60ft	ja
	Fleming	USA	H	Ja		nee	< 18m/60ft	ja
	Monitor	F	H	Ja	< 130-170cm/51-67in	ja	< 10m/33ft	ja
	Navik	F	H	Ja		ja	< 13m/43ft	nee
	Super Navik	F	H	Ja	< 160cm/63in	nee	< 18m/60ft	ja
	Sailomat 601	NL	H	Ja	< 140cm/55in	nee	< 13m/43ft	nee
	Sirius	GB	H	Ja	< 170cm/67in	nee	< 15m/49ft	ja
	Windtrakker	Dld	H	Ja	< 140-210cm/55-83in	ja	< 09m/30ft	ja
	Windpilot Pacific Light	Dld	H	Ja	< 150cm/59in	ja	< 18m/60ft	ja
	Windpilot Pacific	Dld			< 170cm/67in < 140cm/55in < 160-220cm/63-86in	ja		
2 dubbelroer	Stayer/Sailomat 3040	Zw	H	Ja	< 130cm/51in	Nee	< 12m/39ft	Nee
	Windpilot Pacific Plus	Dld	H	Ja	< 160-220cm/63-86in	ja	< 18m/60ft	ja

127

Toelichting:

Hefboom (Power leverage = PL zie illustraties) Maatstaf voor de stuurkracht van een systeem. Hoe groter de hefboom, hoe groter de stuurkracht en des te beter het systeem zal presteren.

Servokracht : wordt opgewekt door de kracht van het langsstromende water (bootsnelheid)

Bootmaat (zie de specificaties van de bouwer) Er zijn beperkingen aan de capaciteit van het systeem in relatie tot de grootte van de boot. Wat heb je aan een systeem dat maar in 60-70% van de omstandigheden functioneert en dat het bij licht weer dan wel heel zwaar weer laat afweten?

V-vane gierdemping: wordt bereikt door beperking van de draaiing van de vaan.

H-vane gierdemping: wordt bereikt door kegelwielkoppeling in verhouding 2:1; automatisch, dus oversturing is mogelijk. Systemen zonder goede gierdemping moeten vaker door de bemanning worden bijgestuurd.

	Operating principle			Windvaan		Material			Lagering	gierdemping	Gewicht (kg.)	Aantal bouten voor bevestiging
	hulproer	servopendul	dubbelroer	Type	Hoek instelbaar?	Windvaan	Systeem	Roer				
Aries STD		+		H	ja	hechthout	AL	POLYESTER	glij	kegelwielk oppeling	35	8
Hydrovane	+			H	ja	AL/ Dacron®	AL	kunststof	kogel en glij	3 standen	± 33	4-6
Monitor		+		H	nee	hechthout	RVS	RVS	kogel en naald	kegelwielk oppeling	± 28	16
Navik		+		H	nee	thermoplastic	RVS	POLYESTER	glij	-	± 19	8
Stayer/ Sailomat 3040			+	H	nee	schuim	AL	POLYESTER/ AL	naald	as onder hoek	35	8
Sailomat 601		+		H	nee	hechthout	AL	AL	naald/ kogel	as onder hoek	24	4
Schwingpilot		+		V	-	POLYESTER	AL	AL	glij	V-vaan	28	8
WP Atlantik	+			V	-	RVS/ Dacron®	RVS	POLYESTER/ RVS	glij	V-vaan	35	4
WP Pacafic Light		+		H	ja	hechthout	AL	hout	glij	kegelwielk oppeling	13	4
WP Pacafic		+		H	ja	hechthout	AL	hout	glij	kegelwielk oppeling	20	4
WP Pacafic Plus			+	H	ja	hechthout	AL	hout/ POLYESTER	glij	kegelwielk oppeling	40	8

	afstandsbediening	Roer niet in gebruik	Noodroer?	Aant.bouten voor demontage	wieladapter	Aantal maten	Voor bootlengte
Aries STD	+	Geen/ opklappen	nee	8	tandwiel	1	18m
Hydrovane	optie	Vast of wegneembaar	ja	4	-	1	15 m.
Monitor	+	Draait naar achteren	nee	4	Pen en gat	1	18m
Navik	+	optrekken	nee	4	-	1	± 10 m.
Stayer/ Sailomat 3040	+	uitschuiven	ja	2	-	3	18m
Sailomat 601	+	opklappen	nee	1	Vaste trommel	1	18m
Schwingpilot	+	uitschuiven	nee	4	-	1	12 m.
WP Atlantic	-	vast	ja	2	-	3	10m
WP Pacific Light	-	opklappen	nee	1	traploos	1	9 m.
WP Pacific	+	opklappen	nee	1	traploos	1	18 m.
WP Pacific Plus	+	opklappen	ja	2	-	2	12 m.

AL = aluminium
WP = Windpilot

⚓ 11 ⚓
De fabrikanten van A tot Z

Stuurautomaten

AUTOHELM

Sinds de oprichting in 1974 door de Britse ingenieur Derek Fawcett is Autohelm voortdurend gegroeid en van meet af aan marktleider geweest.

De karakteristieke bedieningseenheid met de 6 knoppen werd in 1984 geïntroduceerd en is sindsdien onveranderd gebleven:

Auto – aan; +1/+10 – 1 resp. 10 graden bij de koers optellen; -1/-10 – 1 resp. 10 graden van de koers aftrekken; en Standby.

In 1990 fuseerde Autohelm met Raytheon Inc., een Amerikaanse multinational met 70.000 werknemers en een brede variatie aan belangen: van koelkasten tot stuurautomaten tot raketten. Kort daarna lanceerde het zijn eigen datatransfer-protocol (databus). Sea Talk (ST) staat voor systemen die geschikt zijn om op deze databus aan te sluiten. Een eenvoudige kabelaansluiting verbindt alle systeemcomponenten met elkaar zodat de gegevens van windset, log, GPS en het nav-centre onderling worden gedeeld.

Autohelm is op dit gebied nog steeds marktleider en al zijn systemen, met uitzondering van de AH 800, zijn ST-compatible en kunnen op andere modules worden aangesloten.

Autohelm-systemen worden in Engeland vervaardigd in een fabriek met zo'n 300 werknemers. Het bedrijf heeft ongeveer 90% van de markt voor kuipstuurautomaten en ergens tussen de 50 en 60% van de markt voor inbouwstuurautomaten voor jachten tot 60 voet.

Het assortiment omvat:
- ? 2 koerscomputers (Model 100 of 300)
- ? 6 mechanisch/lineair-hydraulische aandrijvingen voor schepen tot 43 ton
- ? 5 hydraulische pompen
- ? 2 kettingaandrijvingen

Autohelm heeft een wereldwijd distributienetwerk met servicecentra over de hele wereld.

BENMAR

Een Amerikaans merk dat in Europa slechts beperkt aanwezig is. Benmar levert in de Verenigde Staten stuurautomaten voor veel motorjachten groter dan 40 voet.

BROOKES & GATEHOUSE

Nauwelijks een jaar na de uitvinding van de transistor en het begin van de elektronische revolutie werd het Engelse bedrijf Brookes & Gatehouse (B&G) opgericht. Het bedrijf maakte naam dankzij twee legendarische series instrumenten, Homer en Heron, die je in die tijd op feitelijk alle grotere jachten zag. Door op het gebied van boordelektronica voor de kritische zeiler voortdurend te blijven ontwikkelen, heeft het bedrijf een aanzienlijk marktaandeel weten te behouden. B&G is met een complete serie geïntegreerde instrumenten speler op de internationale markt. Zijn Network Pilot, Hydra 2 en Hercules Pilot stuurautomaten zijn in een aantal verschillende specificaties en afmetingen te krijgen en worden hoofdzakelijk op grotere boten toegepast.

Het assortiment omvat:
a. B&G Network

? 2 koerscomputers (types 1 en 2)
? 3 lineair-hydraulische aandrijvingen voor boten tot ca. 30 meter
? 5 hydraulische pompen voor boten tot ca. 20 meter

b. B&G Hydra 2 en Hercules

? 2 koerscomputers (types 1 en 2)
? 3 lineair-hydraulische aandrijvingen
? 2 hydraulische pompen
? 1 kettingaandrijving

De systemen van B&G worden in alle grote wedstrijden (Whitbread, Fastnet, Sydney-Hobart, America's Cup, Admiral's Cup) gebruikt en zijn met name sterk door de uitstekende transducer en de tactische dataverwerkingsystemen voor wind, log, diepte en navigatiegegevens. Deze races worden altijd met volledige bemanning gevaren, dus stuurautomaten zijn niet relevant.

B & G heeft een wereldwijd distributie- en servicenetwerk.

NAVICO

Navico produceert al jaren zijn Tillerpilot 100 en 300 model en is daarmee in sommige delen van de wereld de enige tegenspeler van Autohelm. De Oceanpilot-serie is betrekkelijk nieuw: een inbouwstuurautomaat die vergelijkbaar is met de andere die op de markt zijn. Navico levert ook een volledige serie geïntegreerde instrumenten.

Het assortiment omvat:

Tillerpilot 100 en 300

Corus Oceanpilot

? 1 koerscomputer
? 2 lineair-hydraulische aandrijvingen voor boten tot 22 ton
? 2 hydraulische pompen

Navico heeft vestigingen in Frankrijk, Groot Brittannië en de Verenigde Staten.

CETREK

Deze Engelse fabrikant levert ook aan de koopvaardij en is eveneens een bekende naam en één van de pioniers in de productie van stuurautomaten. Cetrek biedt een databus en een complete serie instrumentmodules voor de toerzeiler aan.

NECO

Deze Engelse fabrikant heeft ook een achtergrond in de koopvaardij. Neco is een aantal jaren actief geweest op de markt voor jachten maar heeft zich nu weer uitsluitend op zijn core business gericht.

ROBERTSON

Robertson is in 1950 opgericht en hield zich aanvankelijk bezig met de productie van stuurautomaten voor de visserij, waarmee het bedrijf al spoedig de markt domineerde. De Noorse Simrad Robertson AS-Groep is nu marktleider op het gebied van uitrusting en automatisering voor de grote handelsvaart. Het productassortiment varieert van complete besturings- en navigatiesystemen voor supertankers tot speciale sonaruitrusting voor vissersschepen.

De uitbreiding van de activiteiten naar de recreatieve markt was een logische stap aangezien de stuurautomaten die voor de veeleisende handelsvaart waren ontwikkeld ook uiterst geschikt waren voor zeilboten; als je op de high-tec brug van een moderne oceaangaande trawler kijkt, zie je duidelijk waar de stuurautomaten voor onze jachten van afstammen. Robertsons eerste stuurautomaat voor jachten, de AP 20, was samengesteld uit onderdelen van militaire ontvangers, en kwam in 1964 op de markt. Zelflerende stuurautomaten waren voor de beroepsvaart van essentieel belang en zodra ze op de markt waren, werden ze standaard.

Het mag verbazend lijken waartoe een moderne jachtstuurautomaat in staat is, maar in feite is deze niet meer dan een erfenisje van de beroepsvaart, waar stuurautomaten, die non-stop moeten werken, aan eisen van een geheel andere orde moeten voldoen en dat in de praktijk ook doen.

Stuurautomaten van Robertson staan bekend om hun grote robuustheid en zijn met name op grotere schepen gemeengoed. Ze vormen waarschijnlijk het leeuwendeel van de wereldwijde markt voor maxi's en grote motorjachten.

Het assortiment omvat:
? 7 stuurautomaten
? 5 lineair-hydraulische aandrijvingen
? 4 hydraulische pompen
? 8 hydraulische stuurinrichtingen

De distributie geschiedt via het eigen wereldwijde netwerk van vestigingen en service.

SEGATRON

Deze kleine Duitse kwaliteitsaanbieder bestaat nu zo'n 28 jaar. Het bedrijf met zijn 5 werknemers bouwt jaarlijks een klein aantal eersteklas stuurautomaten, hoofdzakelijk voor maxi's, waaronder Jongert-jachten. Segatron-systemen hebben uiteraard een NMEA interface om integratie in een boordnetwerk mogelijk te maken

SILVA

Deze Zweedse fabrikant heeft onlangs een stuurautomaat geïntroduceerd met verschillende opties voor aandrijvingen, die op een databus kunnen worden aangesloten.

VDO

VDO is een Duits bedrijf en een dochter van Mannesman AG. Het is begonnen als fabrikant van instrumenten voor de auto-industrie, maar is nu al enige tijd actief op de maritieme markt. VDO lanceerde in 1993 zijn Logic Line, een geïntegreerd systeem van instrumenten.

De VDO Logic Pilot serie omvat:
? 1 koerscomputer
? 3 hydraulische pompen voor de aandrijving
? 1 lineair-hydraulische aandrijving

VDO levert zijn systemen via vestigingen in Duitsland, Oostenrijk en Zwitserland

VETUS

Deze Nederlandse fabrikant is een grote naam op de watersportmarkt en biedt al een aantal jaren een serie stuurautomaten van Engelse makelij aan onder de naam Vetus Autopilot. Deze systemen zijn ook aan een databus te koppelen. Het assortiment omvat een ruime keus aan mechanische en hydraulische aandrijvingen

Windvaanstuurinrichtingen

ARIES (Systeem type 11)

Nick Franklin begon in 1968 in Cowes op het eiland Wight met de fabricage van het Aries servo-pendulumsysteem. Aanvankelijk gebruikte hij brons voor de kegelwieloverbrenging, maar dit werd al spoedig vervangen door aluminium. De Aries-systemen die vlak voordat Franklin in 1980 zijn bedrijf sloot nog werden gemaakt, waren vrijwel identiek aan de allereerste exemplaren. Karakteristiek aan de Aries is de tandkrans van het instelmechanisme, waarmee de koers in stappen van 6° kan worden ingesteld.

Het verhaal gaat dat dit onderdeel nooit is gewijzigd omdat voor de vervaardiging ervan ooit een gigantische freesbank geïnstalleerd is, zo groot dat het dak van de werkplaats ervoor verhoogd moest worden. Bij een verandering aan het getande wiel zou al dit werk voor niets zijn geweest.

De Aries-windvaan heeft op een aantal legendarische reizen dienst gedaan en werd voor zeilers het symbool voor de robuustheid en de onverwoestbaarheid van mechanische servo-pendulumsystemen – ondanks het feit dat er in de praktijk een aantal overduidelijke zwakke punten waren. De massieve gegoten duwstang die de windvaan met de tandwieloverbrenging verbindt was overmatig zwaar en maakte dat het systeem in licht weer minder goed presteerde. Deze duwstang wordt nooit zwaar belast omdat hij alleen maar dient om de kracht over te brengen waarmee de windvaan het pendulumroer draait. De stappen van 6° waarmee de koers kan worden ingesteld zijn voor aandewindse koersen vaak te groot: 6° kan net het verschil uitmaken tussen te laag varen en killende zeilen.

Het is een ingewikkelde operatie om het pendulumroer van de Aries Standard aan te brengen of weg te nemen en omdat het niet zonder meer uit het water kan worden gehaald, is het lastig bij het achteruitvaren. Deze nadelen maakten het systeem niet erg geschikt voor dagelijks gebruik op kortere tochten en hebben naderhand geleid tot de ontwikkeling van de Aries Lift-Up. Van deze gewijzigde versie kan de basis worden losgemaakt en voorwaarts omhoog worden geklapt. Deze oplossing is weliswaar ongetwijfeld een verbetering, maar nog steeds niet ideaal, aangezien het systeem tijdens het opklappen helemaal los op de bevestiging zit, wat bij zeegang een potentieel gevaarlijke situatie oplevert.

Nick Franklin, de ontwerper van het Aries servo-pendulumsysteem

De Aries Lift-Up

Halverwege de jaren 80 werd de Aries Circumnavigator geïntroduceerd, in feite een Aries Standard met een verbeterde bevestiging en een wegneembaar pendulumroer. De stuurwieladapter heeft een fijn tandwiel, waardoor het systeem goed kan worden ingesteld en afgesteld.

Ondanks de nadelen is de Aries vaak geïmiteerd door makers die daarmee zelf niet hoefden te innoveren en zich konden koesteren in de uitstekende reputatie van het origineel.

Een aanzienlijk deel van het succes van de Aries is te danken aan de uiterst prettige persoon van Nick Franklin zelf. Hij was met zijn bedrijf op het prachtige eiland Wight altijd een deskundige partner voor zeilers van alle nationaliteiten. Franklin is uiteindelijk met zijn bedrijf gestopt vanwege de gestegen materiaalkosten, de steeds moeilijker wordende markt, en omdat hij eindelijk klaar was met de bouw van zijn eigen boot. Na twintig jaar full-time werken met alle spanningen van dien was hij toe aan het bezeilen van vrediger wateren.

Reserve-onderdelen van alle Aries-systemen zijn verkrijgbaar bij Franklins dochter Helen, rechtstreeks uit Engeland of via de oorspronkelijke Duitse dealer, Windpilot.

Recent heeft de Deen Peter Nordborg de Aries Standard nieuw leven ingeblazen. Nordborg gebruikt aluminium onderdelen die in Engeland worden gemaakt en brengt die in metrische maatvoering. Het enige verkrijgbare systeem is volgens opgave geschikt voor boten tot 60 voet en kan rechtstreeks bij de fabrikant worden besteld.

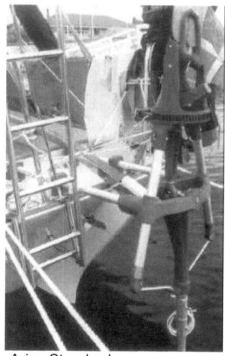

De Aries Standard

ATLAS
Deze windvaan is jarenlang in Frankrijk gebouwd en was in drie versies te krijgen:
? trimvlak op het hoofdroer (type 8)
? trimvlak op een hulproer (systeem 6)
? servo-pendulum (type 11)

Geen van de systemen had gierdemping door middel van conische tandwielen, en daardoor was het bij alle versies nodig om de boot precies te trimmen. Na het voortijdig overlijden van de bouwer aan het eind van de jaren 80 is de productie gestopt

134

ATOMS

Atoms

Het servo-pendulumsysteem van Atoms (type 11) is jarenlang in Nice, Frankrijk, gebouwd en was daar erg populair. Opvallend in de vormgeving van dit systeem waren de aluminium windvaan en het cirkelsegment waarmee de stuurlijnen aan het pendulumroer zaten, en dat zorgde voor een gelijkmatige krachtoverbrenging. Het had geen kegelwieloverbrenging. De productie is begin jaren 90 gestopt.

AUTO-HELM

Auto-Helm

Het trimvlak-op-hulproersysteem (type 6) van Auto-Helm wordt in Californïe gemaakt. Vanwege het wat grove uiterlijk en de inherente nadelen van dit type heeft het systeem het nooit verder gebracht dan plaatselijke bekendheid.

De stuurimpuls van het Auto-Helm-systeem wordt met twee simpele morsekabels van de windvaan naar het trimvlak overgebracht. Er is geen kegelwieloverbrenging. Het systeem is in één maat te krijgen en wordt aangeboden door Scanmar Marine USA

.

Auto-Steer

Deze Britse bouwer maakt twee soorten systemen (types 8 en 11). Het windvaanonderdeel is bij beide versies identiek en bedient een servo-pendulumarm respectievelijk een trimvlak op het hoofdroer. Beide systemen worden rechtstreeks door de bouwer geleverd.

Bogasol

Bogasol

De Spaanse servo-pendulumvaan (type 11) is in veel opzichten vergelijkbaar met het Franse Navik-systeem: de vaan drijft een klein trimvlak aan op de achterkant van het pendulumroer. Geen kegelwieloverbrenging. Het roer kan naar één kant worden opgeklapt.

BOUVAAN

Bouvaan

Deze wat grof gebouwde roestvrijstalen servo-pendulumvaan (type 11) uit Nederland is met name geliefd bij zeilers die over de nodige vaardigheid beschikken om een windvaan van een bouwpakket zelf te bouwen. In afgebouwde vorm kost het systeem bijna evenveel als de visueel veel aantrekkelijker professioneel gebouwde systemen.

Het systeem is er in één maat en kan rechtstreeks bij de producent worden besteld.

BWS TAURUS (System type 6)

Onlangs heeft Paul Visser dit systeem overgenomen nadat de vorige bouwer, Steenkist, met de productie was gestopt. De vanen worden één voor één gebouwd. Het hulproer en het trimvlak kunnen geen van beide in de centrale stand worden gefixeerd zodat het hulproer tijdens het varen op de motor zal meesturen tenzij het wordt weggehaald. Als het hoofdroer ver naar achteren zit, moet voordat op de motor wordt gemanoeuvreerd het hulproer worden weggenomen omdat de twee roeren anders tegen elkaar aankomen.

De overbrengverhouding van de kracht van de windvaan naar het trimvlak moet met de hand worden ingesteld om te voorkomen dat de H-vaan overstuurt.

Dit systeem is in drie afmetingen te krijgen met een hulproeroppervlak variërend van 0,15 tot 0,23 m² en wordt op bestelling gemaakt. De systemen van BWS Taurus behoren tot de duurste die op de markt zijn. Ze worden rechtstreeks door de bouwer geleverd.

BWS Taurus

CAPE HORN

De Canadese Cape Horn servo-pendulumvaan (type 11) is nog maar kort geleden geïntroduceerd. De systemen worden één voor één met de hand gemaakt. De stuurlijnen van de Cape Horn lopen door de spiegel naar het hoofdroer. Dit maakt de installatie ingewikkeld omdat er in de spiegel een gat moet worden geboord van 63 á 89 mm doorsnee, zodat de pendulumarm en de stuurlijn daarin kunnen vallen (in de ruimte achter de spiegel), waarna het grote gat heel goed moet worden afgedicht. Installatie kan betekenen dat er veel bergruimte en drijfvermogen in het achterschip verloren gaan. Het systeem kent geen conische tandwieloverbrenging en gebruikt twee simpele haakse bochten in de drijfstang om het pendulumroer terug te laten komen. De relatief kleine hefboom en de afmetingen van de windvaan en de drijfstang doen vermoeden dat de bruikbaarheid van dit systeem qua bootlengte beperkt is.

De Cape Horn kent geen stuurwieladapter. De stuurlijnen voor wielbesturing worden om een plastic cilinder geleid die op de spaken van het stuurwiel zit. Om de koers nauwkeurig in te stellen, moeten ze worden ingekort dan wel verlengd.

Er zijn twee maten mogelijk, één voor boten tot 40 voet en de andere voor boten groter dan 40 voet.

De Cape Horn wordt rechtstreeks door de bouwer geleverd.

FLEMING

De Australiër Kevin Fleming lanceerde zijn gelijknamige servo-pendulumsysteem (type 11) in 1974. De opvallende kenmerken van het systeem zijn, behalve de conische tandwielkoppeling, het gebruik van gegoten roestvrijstalen onderdelen en de verlenging van de pendulumarm tot op dekhoogte, waardoor er vier blokken minder nodig zijn voor de stuurlijnen. Het systeem is verkrijgbaar in drie afmetingen en is relatief duur. Het bedrijf sloot na een aantal jaren. In het midden van de jaren 80 werd de productie hervat door New Zealand Fasteners in Auckland, maar de omzet is nogal laag gebleven. Het Fleming-systeem wordt nu in Californië gemaakt en kan rechtstreeks bij de bouwer worden gekocht.

Fleming

HYDROVANE

De Hydrovane is een hulproersysteem (type 4) en wordt in Engeland gemaakt door Derek Daniels. Het is te krijgen met handbediening of met afstandsbediening (VXA 1 en VXA 2) en is sinds de introductie in 1970 maar weinig veranderd.

Het systeem heeft een overbrenging met drie standen waardoor de gebruiker de effectieve roerhoek kan veranderen om oversturing te voorkomen. Er is maar één maat roer.

Het roeroppervlak is 0,24 m² (30 x 80 cm.) en daarom kan de Hydrovane op boten tot een zekere maximale lengte worden toegepast. Hoewel de bouwer het systeem aanbeveelt voor boten tot maximaal 18 m. lengte, is deze maat vanwege het ontbreken van servo-ondersteuning waarschijnlijk te groot om met een Hydrovane onder alle omstandigheden nog effectief gestuurd te kunnen worden. Het roer van de Hydrovane is van massief gegoten kunststof en heeft dus geen eigen drijfvermogen. Om het weg te nemen, wordt het uit de schacht omlaag geschoven.

Hydrovane

De Hydrovane wordt op industriële wijze van aluminium gemaakt en heeft een goede reputatie qua sterkte en betrouwbaarheid. De totale lengte is per boot verschillend en de bevestigingssteunen worden op maat gemaakt. Het assortiment bestaat uit:
?   VXA 1: handbediening
?   VXA 2: afstandsbediening

Hydrovane levert zijn producten rechtstreeks overal ter wereld.

LEVANTER

Dit Britse hulproersysteem (types 4 en 10) was in veel opzichten vergelijkbaar met de Hydrovane, in drie verschillende afmetingen verkrijgbaar maar erg duur. De productie is een paar jaar geleden gestopt. Levanter heeft onlangs de GS II gepresenteerd, een klein servopendulumsysteem voor boten tot 25 voet. Het systeem kan rechtstreeks bij de bouwer worden gekocht.

MONITOR

Na afloop van hun wereldomzeiling voelden de Zweden Carl Seipel en Hans Bernwall er weinig voor om naar hun koude geboorteland terug te gaan en vestigden zij zich uiteindelijk in Sausolito, Californie. Daar richtten ze in 1978 Scanmar Marine op. Sindsdien is de Monitor (type 11), een handgemaakte roestvrijstalen windvaan, onafgebroken in productie geweest. Het systeem lijkt erg op de Aries en het heeft een identieke kegelwieloverbrenging. Hoewel het systeem in de Verenigde Staten heel bekend is, begon Scanmar het pas in 1988 wereldwijd op de markt te brengen.

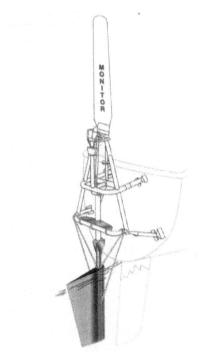

De noodroeroptie van Monitor

Monitor

De Monitor is nog steeds vrijwel gelijk aan het originele ontwerp. Hans Bernwall, de huidige en enige eigenaar, ziet het product als een 'verfijnde' versie van de Aries, die hij met veel respect "De heilige Aries" noemt. De Monitor is een traditionele windvaanstuurinrichting die veel ruimte op de spiegel nodig heeft. De stuurlijnen lopen door 10 keerblokken. Voor de bevestiging zijn 16 bouten nodig en door de fabrikant op maat gemaakte montagesteunen. De helling van de windvaan kan niet worden aangepast; de stuurwieladapter wordt ingesteld met behulp van een pin in een gatenrail.

In 1997 werd voor de Monitor een noodroeroptie geïntroduceerd: de MRUD. Het standaard pendulumroer wordt vervangen door een groter roerblad met een oppervlak van ongeveer 0,27 m², en de pendulumarm wordt op 6 plaatsen gefixeerd.

De monitor is in één maat te krijgen voor boten tot ongeveer 60 voet. Het systeem wordt op de meeste Europese bootshows tentoongesteld en wordt door de bouwer en door verscheidene verkooppartners gedistribueerd.

MUSTAFA

De Mustafa is een hulproersysteem met een trimvlak (type 6) dat wordt geproduceerd door de Italiaan Franco Malingri. Dit enorm grote systeem zie je nu niet vaak meer. Door het grote roeroppervlak komen er een aanzienlijke krachten op de bevestiging aan de spiegel. Het systeem heeft gierdemping. Met zijn gewicht van bijna 60 kilo is het waarschijnlijk de zwaarste windvaan die op de markt is.

De Mustafa is in twee afmetingen te krijgen:
?   B, voor boten tot 30 voet
?   CE, voor boten tot 60 voet
De systemen kunnen bij de bouwer worden gekocht

NAVIK

Dit Franse servo-pendulumsysteem (type 11) weegt slechts 18,5 kilo en is bijzonder populair bij kleine boten in Frankrijk. Het systeem is nogal licht geconstrueerd en heeft in de koppeling plastic onderdelen, waardoor het voor grotere boten ongeschikt is. Een Super Navik systeem voor grotere boten werd vrijwel meteen na de introductie weer uit productie genomen. Het pendulumroer dat kan worden opgeklapt – een speciaal kenmerk van de Navik – is in het alledaagse gebruik niet erg handig omdat het erg ingewikkeld is om de as uit elkaar te halen. De windvaan is met lichte nogal fragiele kogelgewrichtverbindingen met het roer verbonden. Het systeem is in één maat te krijgen.

Het Navik-systeem is niet op de Europese bootshows te zien en is via de bouwer en een aantal dealers te verkrijgen

Navik

Super Navik

RVG

De RVG is nog een Amerikaans trimvlak-op-hulproersysteem (type 5. Het werd tot 1977 in Californïe gebouwd. Een ex-luchtmachtpiloot nam daarna het ontwerp mee naar Florida en zette de handmatige fabricage in min of meer ongewijzigde vorm voort. Het systeem heeft geen kegelwielkoppeling. De RVG wordt niet meer geproduceerd.

SAILOMAT (System types 11 and 12)

Er is in zeilkringen nogal wat verwarring geweest over de naam Sailomat, vanwege het feit dat twee verschillende bedrijven deze naam gebruikten. Het juridische gevecht tussen de betrokken partijen heeft een aantal jaren geduurd en zorgde voor onrust op de markt.

Sailomat Sweden AB was in 1976 opgericht door de drie Zweden Boström, Zettergren en Knöös. Met financiële steun van de Zweedse overheid ontwikkelde het bedrijf de Sailomat 3040, een dubbelroersysteem. Het was elegant en innovatief en het was het eerste ontwerp dat een servo-pendulumsysteem op deze manier rechtstreeks aan een hulproer koppelde. Het systeem was ook ontzettend duur en viel buiten het bereik van veel zeilers. Overschatting van de potentiële markt en persoonlijke onenigheid tussen de drie partners waren waarschijnlijk de oorzaak van de problemen binnen het bedrijf. De productie stopte in 1981 en het bedrijf is kort daarna geliquideerd. De Nederlander H.Brinks, de voormalige Europese marketingmanager van het bedrijf die de rechten heeft verkregen, heeft het systeem nog een aantal jaren uit voorraad verkocht. Het werd later verkocht onder de naam Stayer, als uitkomst van de juridische strijd tussen de voormalige eigenaren. Uiteindelijk is het aan het eind van de jaren 80 van de markt verdwenen.

In 1984 richtte Stellan Knöös in de Verenigde Staten Sailomat op. Hij ontwierp servo-pendulumsystemen (type 11) in Californïe, waar hij woonde, en liet ze in Zweden maken.

De Sailomat 500, een samengesteld stuurautomaat / windvaansysteem werd in 1985 gelanceerd. De windvaan zorgde voor de stuurimpuls op koersen aan de wind tot +/- 60° en de stuurautomaat werd in de overige gevallen ingeschakeld. Het idee sloeg niet aan; er werden maar weinig exemplaren gebouwd.

De Sailomat 536, grotendeels vergelijkbaar met de Sailomat 500 maar dan met een windvaan voor 360°, verscheen in 1987. De pendulumarm kon aan één kant 90° omhooggeklapt worden, wat in de praktijk betekende dat het roer moest worden verwijderd als het niet in gebruik was, anders zou het een eind naast de boot uitsteken. De onderdelen voor de bevestiging moesten op maat worden gemaakt; er was nog geen sprake van variabele montageflenzen en afstandsbediening.

Sailomat/Stayer 3040

Sailomat 536

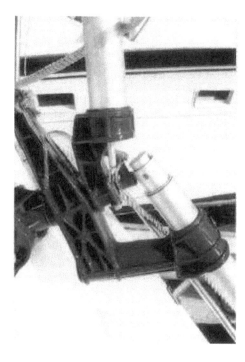
Sailomat 601

Vervolgens verscheen in 1993 de Sailomat 600. Dit systeem was ontwikkeld uit de 536, had een variabele montageflens en afstandsbediening en een pendulumroer dat 170° omhooggeklapt kon worden.

De Sailomat 601, die in 1996 verscheen, was vergelijkbaar. Alleen de hoek van de pendulumarm was gewijzigd.

Sailomat-systemen hebben geen kegelwielkoppeling. De demping wordt bereikt door de schacht van het pendulumroer een achterwaartse helling te geven zodat het langsstromende water de laterale beweging van het roer vertraagt en dempt. Deze hoek is een aantal malen gewijzigd:

Sailomat 3040	0 graden
Sailomat 500	15 graden
Sailomat 536	18 graden
Sailomat 600	25 graden
Sailomat 601	34 graden

De fabrikant adviseert om deze hoek nog verder te wijzigen door de schacht van de windvaan (die ten opzichte van het pendulumroer een vaste hoek heeft) onder een hoek te zetten, en zo de mate van demping aan de omstandigheden aan te passen. Dan moet wel geaccepteerd worden dat de windvaan meer of juist minder bruikbaar wordt, omdat als de schacht onder een hoek is gezet de windvaan niet langer meer precies midscheeps staat.

De overbrenging van de windvaan naar de duwstang moet met de hand worden ingesteld. Hierbij zijn in totaal 18 verschillende standen mogelijk (6 van de windvaan gecombineerd met 3 van de koppeling). De duwstang heeft de vorm van een soort kurkentrekker: de effectieve lengte ervan varieert bij elke koersverandering als de windvaan wordt bijgesteld of verdraaid. De gebruiker moet hier goed op letten, omdat als gevolg van veel opeenvolgende koersveranderingen of windveranderingen deze kurkentrekker veel te strak of veel te los kan komen te staan; de midscheepse positie van de windvaan en het pendulumroer staat nooit precies vast. De stuurwieladapter is een vaste trommel. Kleine bijstellingen van de koers worden uitgevoerd door de stuurlijnen in te korten of langer te maken.

Het systeem is verkrijgbaar met schacht en roerblad van verschillende lengtes voor boten tot 60 voet. De Sailomat staat op sommige Amerikaanse bootshows, maar komt zelden naar de internationale shows in Europa. Het systeem is rechtstreeks bij de fabrikant verkrijgbaar.

SAYE'S RIG

Dit Amerikaanse systeem is een gecombineerd servo-pendulum/trimvlaksysteem (type 9). Het pendulumroer is onder water door middel van een lange stang verbonden met de achterkant van het hoofdroer. De stang brengt de laterale bewegingen van het pendulumroer rechtstreeks over op het hoofdroer. De V-vaan, die dankzij zijn wigvormige profiel heel effectief is, zorgt voor de demping. De Saye's Rig is in kleine aantallen in de Verenigde Staten geproduceerd. Afhankelijk van de positie van het hoofdroer moet de stang voor de overbrenging soms erg lang zijn. Aangezien de beide roeren relatief star met elkaar zijn verbonden, kan alleen met de windvaan getrimd worden. Als de boot met een stuurwiel is uitgerust, betekent dit systeem dat de wielbesturing bij dit systeem vanaf de verkeerde kant in beweging wordt gebracht, nl. met het roerblad. Meestal gaat dit erg zwaar. Hydraulische wielbesturing is niet te combineren met Saye's rig, ook niet met een omleiding, omdat de olie in de hoofdcilinder nu eenmaal moet circuleren. Een omleiding zou ook een snelle overschakeling op handmatige besturing in geval van nood in de weg staan.

Handbesturing werkt alleen maar goed als het pendulumsysteem is losgemaakt of verwijderd. Gezien het ongebruikelijke ontwerp van dit systeem is het maar voor enkele boottypes en roervormen toepasbaar.

De Saye's Rig wordt in één maat geleverd en is verkrijgbaar bij Scanmar International U.

SCHWINGPILOT

Dit Duitse servo-pendulumsysteem (type 10) wordt op industriële wijze van aluminium vervaardigd en kwam in 1974 voor het eerst op de markt. Schwing, een technische onderneming hoofdzakelijk op het gebied van betonpompen, legde met name nadruk op de mogelijkheid om de systemen op de achterpreekstoel te zetten. Het systeem had in plaats van de gebruikelijke verticale pendulumarm een zeer lange horizontale pendulumarm die uit zijn houder kon worden neergelaten en weer kon worden weggenomen als er moest worden gemanoeuvreerd. Zolang de achterpreekstoel stabiel was, stuurde dit systeem goed en gevoelig. De koers werd ingesteld door middel van een traploos wormwiel. Het systeem wordt sinds kort niet meer geproduceerd.

WINDPILOT

Windpilot.

John Adam stichtte de firma WINDPILOT in 1968 na zijn terugkeer van een avontuurlijke reis van Engeland naar Cuba met een LEISURE 17. Het verhaal van dagenlange stormen, volledige uitputting en zijn stranding op de kust van Cuba, waar hij door Cubaanse militairen werd gearresteerd en wekenlang in de gevangenis zat, haalde de internationale pers. Tijdens zijn gevangenschap rijpte bij hem het idee WINDPILOT op te richten.

De volgende systemen werden handmatig in roestvrijstaal geproduceerd:

Type 3: ATLANTIK II / III / IV voor boten tot 25 / 31 / 35 voet : hulproersystemen met V-Windvaan 1968 – 1985

Type 5: ATLANTIK Hulproersysteem met trimtab en H-Windvaan– 1969-1971

Type 10: PACIFIC V: Servo- pendulumroersysteem met V-Windvaan 1970 - 1975

Type 11: PACIFIC H: Servo-pendulumroersysteem met H- Windvaan 1973 - 1983

Type 8: PACIFIC custom: trimtab met H-vaan op het hoofdroer 1971 - 1974

Alle systemen werden ambachtelijk en van roestvrijstaal vervaardigd. Van deze buitengewoon robuuste systemen zijn er heden ten dage nog duizenden in gebruik - al dertig jaar lang

In 1977 werd het bedrijf door schrijver dezes op een ietwat onconventionele manier overgenomen. De vrienden John Adam en Peter Förthmann gingen uit zeilen in Peters stalen jol "Lilofee". Terug aan land sloten ze de perfecte deal: WINDPILOT in ruil voor de stalen jol. John wilde ertussenuit en met zijn gezin een zeiltocht naar Australië maken, Peter had zijn zinnen gezet op WINDPILOT.

Windpilot stopte in 1984/1985 met de productie van de roestvrijstalen systemen. De gemiddelde lengte van boten met windvaanbesturing was toen al toegenomen tot meer dan 35 voet.

John Adam, oprichter van Windpilot, verlaat Weymouth in 1986

Windpilot Caribic Hulproersysteem 1

Windpilot Pacific H-vaan roestvrijstaal 1974

De geheel nieuwe Pacific en Pacific Plus tweelingsystemen - een servo-pendulumsysteem volgens de laatste inzichten en een dubbelroersysteem dat daarop is gebaseerd - werden in 1985 geïntroduceerd. Terwijl de boten steeds groter werden en steeds vaker een middenkuip kregen – ongunstig voor toepassing van conventionele servo-pendulumsystemen – bleek deze synthese van de voordelen van een hulproersysteem met die van een servo-pendulumsysteem het logische antwoord te zijn.

De Pacific en de Pacific Plus hebben sinds ze voor het eerst op de markt kwamen nauwelijks een verandering ondergaan. Ze voldoen aan alle eisen voor een modern servo-pendulumsysteem: traploos instelbaar, gemakkelijk weg te halen, een H-windvaan, traploze afstandsbediening, overbrenging met conische tandwielen voor de gierdemping, een ophaalbaar pendulumroer, aan te passen montagesteun, korte weg voor de overbrenging, traploos instelbare stuurwieladapter met een universele montageflens voor alle types wielbesturing, gering gewicht, compacte modulaire constructie van een A1Mg5-aluminiumlegering. De systemen worden door middel van het industriële coquilleprocédé onder lage druk vervaardigd en vervolgens bewerkt met moderne 5-assige CNC-machines.

Beide systemen hebben prijzen gewonnen voor hun geavanceerde ontwerp en zijn tentoongesteld in het Duitse Museum voor Kunst en Ontwerpen. De ontwerpen zijn wettelijk beschermd door het Duitse patent P 36 14 514.9-22

Windpilot Pacific Plus

Winpilot Pacific (1998)

In 1996 heeft het ontwerpteam, bestaande uit Jörg Peter Kusserow, Peter Christian Förthmann en hun CAD-systeem, de Pacific Light het levenslicht doen zien. Dit systeem, speciaal ontworpen voor boten kleiner dan 30 voet, is de lichtste servo-pendulum windvaanbesturing ter wereld. Het heeft een goede kegelwielkoppeling en alle eigenschappen van zijn grotere zusje.

Windpilot is van plan om zijn serie uit te breiden met de introductie in 1998 van de Pacific Super plus, een dubbelroersysteem dat onder belasting in- en afgekoppeld kan worden en dat zelfs geschikt is voor boten groter dan 60 voet.

Windpilot is nu meer dan 29 jaar actief en is waarschijnlijk de oudste bouwer van windvaanstuurinrichtingen ter wereld. Het is zeker de enige die een compleet assortiment modulaire systemen voor alle boottypen aanbiedt.

.

Winpilot Pacific Light (1996)

Windpilot Pacific (1985 – 1997)

Het assortiment omvat:
? Type 11: Pacific Light voor boten < 30 voet
? Type 11: Pacific voor boten < 60 voet
? Type 12: Pacific Plus I voor boten < 40 voet
? Type 12: Pacific Plus II voor boten < 60 voet

Systemen van Windpilot worden over de hele wereld verkocht en worden rechtstreeks door de fabrikant geleverd. Deze is op alle belangrijke Europese bootshows vertegenwoordigd. In januari 1998 wordt begonnen met een vestiging in de Verenigde Staten

Winpilot Pacific (model 1998) multifunctioneel bevestigingsysteem

WINDTRAKKER

Deze Engelse fabrikant heeft onlangs een servo-pendulumsysteem (type 11) op de markt gebracht dat tot in de kleinste details op de Aries lijkt. De tijd zal leren of zulke kopieën op deze markt een kans hebben zelfs als het origineel voor een gunstiger prijs te koop is.

Het systeem kan rechtstreeks bij de bouwer worden gekocht.

146

Appendix:

Gegevens van fabrikanten

Stuurautomaten

Alpha

Alpha Marine Systems
1235 Columbia Hill Road
Reno, NV 89506
USA
Tel: ++1 800 257 4225

Autohelm

Raytheon Electronics
Anchorage Park
Portsmouth
Hants PO3 5TD
UK
Tel: ++44 1705 69 36 11
Fax: ++ 44 170569 46 42

Raytheon Marine Company
46 River Road
Hudson NH 03051
USA

Factory Service Center
Raytheon Marine Company
1521 SO 92nd Place
Seattle WA 98108
USA
Tel: ++ 1 206 763 7500

Benmar

Cetec Benmar
3320 W MacArthurr Blvd
Santa Ana CA 92704
USA
Tel: ++ 1 714 540 5120
Fax: ++ 1 714 641 2614

Brookes & Gatehouse

Brookes & Gatehouse Ltd UK
Premier Way, Abbey Park
Romsey
Hants SO51 9 AQ
UK
Tel: ++ 44 1794 51 84 48
Fax: ++ 44 1794 51 80 77
Website: www.bandg.co.uk

Brookes & Gatehouse USA
7855 126th Avenue North
Suite B
Largo FL 33773 USA
Tel: ++44 1202 63 21 16
Fax: ++ 44 1202 63 19 80

Cetrek

Cetrek UK
1 Factory Road
Upton
Poole BH16 5SJ
UK
Tel: ++44 1202 63 21 16
Tel: ++44 1202 63 19 80

Cetrek USA
640 North Lewis Road
Limerick
PA 19468
USA
Tel: ++1 610 495 0671
Tel: ++1 610 495 0675

Website: www.cetrek.co.uk

Coursemaster

Coursemaster USA INC
232 Richardson
Greenpoint
NY 11222 USA
Tel: ++1 718 383 4968
Fax: ++1 718 383 1864

Navico

Navico Ltd UK
Star Lane
Margate, Kent CT9 4 NP
UK
Tel: ++44 1843 29 02 90
Fax: ++44 1843 29 04 71

Navico Inc USA
11701 Belcher Road Suite 128
Largo, FL 34643 USA
Tel: ++1 813 524 1555
Fax: ++1 813 524 1355

Robertson

Simrad Robertson AS
PO Box 55
N 437 Egersund
Norway
Tel: ++47 51 46 20 00
Fax: ++47 51 46 20 01
Website: www.simrad.com

Segatron

Gerhard Seegers
Bleichenstr 73
D-31515 Wunsdorf, Germany
Tel: ++49 5022 1660
Fax: ++49 5022 2066

Silva

Silva Sweden AB
Kuskvägen 4
S 19162 Sollentuna
Sweden
Tel: ++46 8 623 43 00
Fax: ++46 8 92 76 01
Website: www.silva.s

VDO

VDO Kienzle GmbH
Rüsselheimerstr 22
60326 Frankfurt, Germany
Tel: ++49 69 75860
Fax: ++49 69 7586210

Vetus

Vetus Den Ouden Ltd
38 South Hants Ind Park
Totton, Southhampton SO40 3SA
UK
Tel: ++44 1703 86 10 33
Fax: ++44 1703 66 31 42

Vetus Den Ouden USA Inc
PO Box 8712
Baltimore, Maryland 21240
USA
Tel: ++1 410 712 0740

W – H

W – H Autopilots Inc
150 Madrone Lane North
Beinbridge Island, WA 98110-1863
USA
Tel: ++1 206 780 2175
Fax: ++1 206 780 2186

Windhunter

Windhunter
82 Great Eastern Street
London EC2A 3JL
UK
Tel: ++44 181 500 0180
Fax: ++44 181 500 5100

MOB systemen

Bogasol
Egui Disney
Calle Provensa 157 bis
E 08036 Barcelona, Spain
Tel: ++34 3 451 18 79

Windvaanstuurinrichtingen

Aries (spare parts for all existing parts)

Aries Spares Helen Franklin
48 St Thomas Street
Penyren, Cornwall TR10 8JW
UK
Tel: ++44 1326 377467
Fax: ++44 1326 378117

Aries Standard
Peter Matthiesen
Mollegade 54, Holm
DK 6430 Nordborg, Denmark
Tel: ++45 74 45 0760
Fax: ++45 74 45 2960

Auto Helm
Scanmar International
432 South 1st Street
Richmond CA 94804-2107
USA
Tel: ++1 510 2152010
Fax: ++1 510 2155005
E-mail: selfsteer@aol.com
Website: www.selfsteer.com

Auto-Steer
Clearway Design
3 Chough Close
Tregoniggie Ind Estate
Falmouth, Cornwall TR11 4SN
UK
Tal: ++44 1326 376048
Fax: ++44 1326 376164

Bouvaan
Tjeerd Bouma
Brahmstraat 57
NL 6904 DB Zevenaar
Nederland
Tel: ++31 8360 25566

BWS
Taurus Scheeosbouw &
Uitrusting
Nijverheidstraat 16
NL 1521 NG Wormeveer,
Nederland
Tel: ++31 75 640 33 62
Fax: ++31 75 640 26 21

Cap Horn
Cap Horn
316 avenue Girouard
OKA JON 1EO, Canada
Tel: ++1 614 4796314
Fax: ++1 514 479 1895

Fleming
Fleming Marine USA Inc
3724 Dalbergia Street
San Diego CA 92113
USA
Tel: ++1 916 557 0488
Fax: ++1 619 557 0476

Levanter
Levanter Marine Equipment
Gandish Road
East Bergholt, Colchester CO7 6UR
UK
Tel: ++44 1206 298242

Hydrovane
Hydrovane Yacht Equipment
Ltd
117 Bramcote Lane
Chilwell, Nottingham NG9
4EU
UK
Tel: ++44 115 925 6181
Fax: ++44 115 943 1408
Monitor
Scanmar International
432 South 1st Street
Richmond CA 94804-2107
USA
Tel: ++1 510 2152010
Fax: ++1 510 2155005
E-mail: selfsteer@aol.com
Website: www.selfsteer.com
Mustafa
EMI SRI
Via Lanfranchi 12
I 25036 Palazzolo
Italy
Tel/Fax: ++39 30 7301438

Navik
Plastimo France
15 rue Ingénieur Verrière
F 56325 Lorient
France
Tel: ++33 2 79 87 36 36
Fax : ++33 2 97 87 36 49
RVG
International Marine
Manufacturing Co
8895 SW 129 Street
Miami FL 33176
USA
Tel/Fax: ++1 305 255 3939
Sailomat
PO Jolla Californien CA 92038
USA
Tel: ++1 619 454 6191
Fax: ++1 619 454 3512

Saye's Rig
Scanmar International
432 South 1st Street
Richmond CA 94804-2107
USA
Tel: ++1 510 2152010
Fax: ++1 510 2155005
E-mail: selfsteer@aol.com

Windpilot
Windpilot
Bandwirkerstrasse 39-41
D-22041 Hamburg, Germany
Tel: ++49 40 652 52 44
Fax: ++49 40 68 65 15
Mobile: ++172 401 33 80
Email: Windpilot@t-online.de
Website: www.windpilot.com
Windpilot USA
PO Box 8565
Madeira Beach, Fl 33738
USA
Tel: ++1 813 319 8017
Fax: ++1 813 398 6288
Toll free: ++1 888 Windpilot
Email:
windpilot@compuserve.com